2015年同文书库·鼓浪屿历史文化系列

厦门市委宣传部　厦门市社科联　编

洪卜仁　詹朝霞　著

鼓浪屿学者

厦门大学出版社
XIAMEN UNIVERSITY PRESS

国家一级出版社
全国百佳图书出版单位

总　序

　　"国民之魂，文以化之；国家之神，文以铸之"。文化是一个民族的根，一个民族的魂，是国家发展、民族振兴的重要支撑。当今时代，文化越来越成为民族凝聚力和创造力的重要源泉、越来越成为综合国力竞争的重要因素。

　　厦门是一个具有一定历史文化积淀的现代化港口风景旅游城市，物华天宝，人杰地灵，形成了瑰丽多姿的文化和丰富独特的文化遗产。鼓浪屿素有"海上花园"、"万国建筑博览"、"音乐之乡"、"钢琴之岛"之美誉，是国家级重点风景名胜区。在历史的发展过程中，近现代中西文化在这里汇聚融合，造就了一种既具有深厚的闽南文化传统又具有浓厚西洋文化特色的文化形态和风格，是厦门独特的历史文化的浓缩和代表。

　　为进一步研究、保护、传承鼓浪屿历史文化，市委宣传部、市社科联聘请了生于鼓浪屿、长于鼓浪屿的福建省社科院原副院长、资深文史专家黄猷先生为总审稿人，联合组织专家学者精心策划、精心研究、精心编撰出版《厦门社科丛书——鼓浪屿历史文化系列》。《丛书》以史话、建筑、音乐、公共租界、侨客、教育、学者等专题为主要内容，较客观准确地介绍了鼓浪屿历史文化和风土人情，充分展现了鼓浪屿深厚的文化底蕴和独特魅力，是一套系统研究鼓浪屿历史文化的史料读本和百科全书。相信《厦门社科丛书——鼓浪屿历史文化系列》的出版发行，对于传承、弘扬鼓浪屿历史文化和厦门特色文化，提升厦门市民的人文素质和城市文化软实力以及鼓浪屿申请世界非物质文化遗产都具有重要的意义和积极的作用。

中共厦门市委常委、宣传部长

2010 年 1 月

海天回响（代前言）

鼓浪屿素以"音乐之岛""钢琴之岛"著称。许多人知道，鼓浪屿出了很多音乐家和钢琴家，周淑安、殷承宗、许斐平、陈佐湟等等，都是耳熟能详的名字。许多人不知道，鼓浪屿出了更多的学者和科学家。只要略加挖掘与梳理，我们就会发现这些光辉灿烂的名字：拼音先驱卢戆章；妇产科专家林巧稚、何碧辉；天文物理学家余青松；病毒学家黄祯祥；海洋生物学家曾呈奎；园艺学家李来荣；禽病学家朱晓屏；生化博士陈慰中；语言学家周辨明；考古学家郑德坤；高分子化学家卓仁禧；经济学家吴宣恭等等。他们或已作古，或还健在，散落在世界各处，是鼓浪屿珍藏的记忆，抹不去的光彩。

从鼓浪屿走出的学者，内敛低调却积极上进，刻苦严谨却幽默风趣。他们大多有三个显著的特点，一是英文水平高，二是音乐素养好，三是热爱体育。这与当时鼓浪屿的教育环境不无关系。新式学校代替了传统私塾，ABCD与"之乎者也"同样朗朗上口，外国老师与本土先生同样尽心尽力。教堂的歌颂团与唱诗班，成为孩子们最初的音乐启蒙。对于学生健康体格的强调，则使体育运动成为鼓浪屿孩子们生活与学习不可分割的一部分。英华中学的足球队更是远近驰名，盛极一时。

进一步，如果对本书所及13位学者作较深入分析，就会发现百年来（19世纪40年代—20世纪40年代），鼓浪屿学者按所处的历史时期大致可以分为四个阶段。

卢戆章当属第一代学人，即中国的读书人从旧学转向新学这一批人。第一代学人是勇猛的先行者，但传统观念的包袱也很重，因而其改革只能局限于技术层面。后继者沿着他们开启的思路，进行了曲折反复的探索（先是退回到注音符号，最终实行拉丁化，并形成共识），而他们则被冷落一旁。

周辨明、余青松属于第二代。有机会出国留学并接受系统的现代科学专业教育，使第二代学人能够突破中国传统文化的学术教育体系，按照西方学术体系在中国建立自己的专业学科体系，因而带有全盘西化的色彩（对本土资源的应用是"中为洋用"）。他们有一个共同的特点是尝试过不同的学科，从比较狭隘的天地，比较狭窄的学术视野走向更广阔的世界，有了更为开阔的视野。

　　第三代是 20 世纪 30 年代上半期即抗战前完成专业教育的一批学者，包括稍前的林巧稚、何碧辉与稍后的李来荣、曾呈奎、黄祯祥等。他们都走了实用科学的路子（医农多而工科少，是时代的反映），又都体现了一个由应用（治病、生产活动）而应用研究，而学术研究的发展方向。唯一例外的是郑德坤，但他也是立足于研究本土问题的。和前一代不同，他们是"洋为中用"了，也因而能有更大的成就。虽然这一代学人求学与走进社会的年代正处于"五·四"运动与大革命的时代，但他们都选择了实用科学，远离政治，这就与他们的鼓浪屿出身有关（不是生活在政治文化中心地区），更与他们青少年时期所受的崇尚仁爱、鼓励和平、安分守己的基督教思想影响有关。

　　第四代出现在二战后。朱晓屏、陈慰中都在国外成长，这不是偶然的。战乱使他们避走他乡，所以他们多了一种寻找精神家园的痛苦。而家国已远，乡关何处？

　　卓仁禧与吴宣恭在时间上与陈慰中属同一时期，但却是新中国土生土长的学者，因而与常年漂泊海外的陈慰中等在思想感情上多有不同，但对生命归宿感的真诚追求却是同出一脉的。

　　仅就本书所及的 13 位学者进行简要分析显然难以概全。但至少可以从一个侧面说明鼓浪屿学者与历史时代的密切关系。毕竟鼓浪屿之波只有荡漾在时代的浪潮中才能生生不息。而家国之痛，生命之感，则流淌于他们血脉中，难以化解。

出生于鼓浪屿，或者生活求学于鼓浪屿，是本书所选学者的两个基本点。而他们在各自领域内成就事业的辉煌，则是本书纪述的重点。但由于笔者孤陋寡闻，或者资料所限，鼓浪屿之璀璨星空也只能窥其一斑。更多的卓越学者科学家，如原中国科学院院长卢嘉锡，中国科学院学部委员、生物化学家王应睐，中国科学院院士、化学家张乾二，著名系统与控制工程及运筹学专家、清华大学教授、博导吴沧浦，热带植物学家白嘉雨等等，他们与鼓浪屿的故事，还有待于进一步挖掘发现梳理，我想那一定又是一本生动感人的书。

100多年来，鼓浪屿的学子从小岛走出，如海之潮浪，一波又一波。他们从此走出，或万里远行，或近守家国，驰骋于各自领域，却从不辜负这小岛一隅。

虽然那个年代渐已远去，从鼓浪屿走出去的脚步依然回响。

鼓浪屿学者

目录 学者
CONTENTS

闽南遗响
——汉语拼音文字先驱卢戆章

  鼓浪屿鸡山路之末，鼓浪石之边，凤凰树之下，一尊半身铜像面朝大海，孑然独立。铜像高 2.4 米，面容清癯，表情悲抑，目光执著，似有千言万语滔滔而来，又似乎从此缄口不言默默无语。

  铜像身后，一条石砌小道，蜿蜒而上。漫步其间，每隔几步，便有拼音字母和标点符号，镌刻石上，跃然脚下。

  一尊铜像，一条小道，是为了纪念一个叫卢戆章的人。这位中国近代杰出的语言学家，汉语拼音先驱穷其一生，不遗余力，在创制拼音方案、推广京音官话（即普通话），

凤凰树下，鼓浪石边，卢戆章先生铜雕像

推行白话口语，（即白话文），采用横排横写，倡导新式标点，使用简体俗字等方面作出了不可替代的历史贡献。被尊为"现代汉语拼音文字之父"。

1. 生于闽南

谁都知道，闽南方言与北方"官话"（普通话）相去甚远。即使在信息极为发达的今天，闽南话也会让许多人如听天语，不知所云。所以闽南地区与普通话推广，与文字改革似乎毫不相关。可是因为一个闽南人的出现，却使厦门一度成为近代汉语改革、汉字拼音推广的发源地之一。尽管多年以后，卢戆章对因为自己生于闽南而"不配谈国语运动"仍痛心疾首，但或许正是因为生长闽南，才使卢戆章有了以后研究汉语拼音文字的土壤和功底。

1854 年 12 月 18 日，卢戆章生于福建同安古庄一栋典型的闽南建筑。平素农家，父亲早逝。兄弟 6 人，卢戆章最小，也最聪慧。兄长们都务农，唯独卢戆章 9 岁入私塾，做了读书郎。卢戆章 18 岁参加童子试，却名落孙山。

考场失意，卢戆章亦无心于此。他先在堂兄卢贞赵的家塾执教一年，后又在邻村莫埭头执教二年。当时西风东渐，基督教传播甚广。卢戆章与学友洪克昌一起受业于邻村双圳头王奇赏，专心研究《圣经》。西洋的科学知识也让卢戆章流连痴迷。

1875 年，21 岁的卢戆章受当时时代潮流的影响，南渡新加坡，半工半读，专攻英文。1879 年，卢戆章回到厦门，寄居鼓浪屿内厝澳，时年 25 岁。

英语已学得很好，闽南话又是母语，卢戆章一时成为鼓浪屿的"热门人物"。洋人想学闽南话，闽南人想学英语，卢戆章都是抢手的老师。卢戆章又应英国传教士约翰·麦高温的聘请，帮助翻译《华英字典》。该辞书于 1892 年由英国 Kelly and Welsh

公司出版。

据卢戆章曾外孙杨世廉先生考证，这个约翰·麦高温（John MacGowan）是当时英国伦敦布道会传教士。他精通汉学，著作颇丰，其中就有《厦门方言英汉字典》。麦高温于1863年由上海来到厦门，从此定居下来，一直在厦门生活工作了半个多世纪。他与英国第13任驻厦门领事（1878.4—1881.3）翟理思是好朋友。翟理思被尊为英国汉学三大星座之一，毕生为广泛传播中国语言、文学和文化而孜孜不倦。他在任厦门领事期间着手编纂《华英字典》。正是麦高温的推荐，卢戆章加入《华英字典》的编纂工作。

由翟理思主编，卢戆章参与编纂的《华英字典》是当时外国传教士为了学习当地语言而编纂的字典中的一种。当时的外国传教士为了便于在中国境内各地传教，采用罗马字拼写各地方言，创制了"方言教会罗马字"。因为鼓浪屿是当时外国传教士最早的"根据地"之一，所以"闽南白话字"也出现得最早。1852年美国传教士约翰·凡·涅斯特·打马字编写《唐话番字初学》，1894年又编纂《厦门音字典》；罗啻1855年编纂《英中厦门本地话指南》（即《厦门话课本》），杜嘉德编纂《厦门本地话或口语字典》，对推动闽南白话字的形成和发展起了很大作用。或许正

卢戆章

是在编纂《华英字典》的过程中，卢戆章若有所思，思有所得，创制了汉语拼音文字，于 1892 年出版《一目了然初阶》(《中国切音新字厦腔》)，这是第一个由中国人自己发明创造的字母式汉语拼音方案。卢戆章因此成为中国提出汉字拼音化的第一人。

2. 戆直之士

卢戆章之"戆"(音 zhuang)，迂愚而刚直之意，凡事认真较劲一根筋。人如其名，纵观卢戆章一生致力于切音字研究，孜孜不倦，殚精竭虑，虽百挫而无悔，就知道此名不虚，可谓"戆直之士"。

卢戆章认为西方国家之所以较强大，是因为其国民都读书识字。而中国之所以贫弱，是因为国民愚昧无知。而国民愚昧则是因为中国字繁难，普通百姓难以学习。精通英语的卢戆章"感欧美各国皆拼音成文，便恍然发改造汉字之宏愿"。他从英语中得到启发，深信一定能找到一种易识易记易写的拼音字母，可以使男女老幼上下人等人人无师自通自学汉字，知书识理，省下时间"专攻于算学、格致及种种之实学，何患国不富强也哉！"

"求学期以济世，寻章摘句胡为者"，科举失意与西风东渐，卢戆章的人生从此与科举彻底告别，走上了一条艰难孤寂的路。

卢戆章从此埋首窗下，心无旁骛，痴迷于切音字研究，潜心钻研汉字拼音方案。有人揶揄他说："子真撼树之蚍蜉，汉字之圣，一点一画无非地义天经，岂后儒所能增减？"卢戆章闻言不过一笑置之，毫不动摇，仍然"置一切不闻不问，朝斯夕斯，几废寝食"。真可谓"戆气"十足。

卢戆章比较漳泉十五音和话音字（即当时已在闽南地区通行的方言罗马字，俗称白话字），觉得漳泉十五音字母不全；又嫌话音字以数字母切为一字，长短参差，甚占篇幅。卢戆章苦心考究漳泉十五音本源，一日心机偶触，灵感一现，用字母韵脚（即十五音）两字合切，拼法为一母一字合切成音。

十几年的苦心孤诣孜孜以求终于略有所成。1892 年卢戆章手抄全文，自费刻板，通过厦门五崎顶倍文斋出版了他的第一部切音字专著《一目了然初阶》。书中拟订了卢戆章称之为"中国第一快切音新字"的拼音方案。而书面两旁的对联"一目了然，男可晓，女可晓，智否贤愚均可晓；十年辛苦，朝于斯，夕于斯，阴晴寒暑悉于斯"，卢戆章创制切音字的良苦用心尽在此中。此书的出版正式拉开了现代汉字改革的序幕。1892 年被认为是中国现代汉字改革运动的启始。值得一说的是，《一目了然初阶》还收录了不少闽南歌谣、故事传说，其行文布局都为横排横写，不同于以往的任何古籍。卢戆章还在书中自画一幅插图：一位书生端坐案前，握笔沉思，神情凝重，若有所思。旁边有卢戆章亲笔题字："思入风云变态中。"卢戆章之心忧国民，尽显其中。

1893 年，卢戆章又在厦门出版《一目了然初阶》的节本

卢戆章自画插图"思入风云变态中"

《一目了然初阶》封面

《新字初阶》。他唯恐推行不广，所以一刊再刊，用尽毕生积蓄也在所不惜。为了使切音字在全国范围内使用，他增添字母拼成全国通用国音，先后出版了《中国切音字母》、《中国新学》、《中华新字》等著作。

卢戆章的"中国第一快切音新字"，是利用拉丁字母加以改造，横行拼写，两字以上的词都用连号。这套拼音方案共有 55 个字母（韵母）、韵脚（声母），其中厦门腔 36 个字母，漳州腔加 2 个字母，泉州腔加 7 个字母，还有 10 个字母，是各地方言的总腔。

《一目了然初阶》刊印后，卢戆章在鼓浪屿乌埭角和厦门二十四崎脚两处召集船工、小贩，开班实验教学。几年间，卢戆章的切音字在闽南风靡一时，传布甚广。据说只需半年，学习切音字就能写信写文章，连外国人都学得很起劲。

3. 推广之艰

在全国范围内推广切音字，是卢戆章最大的梦想。实现这个梦想的机会似乎不期而至。1898 年，正当卢戆章以鼓浪屿为基地，在厦门大力推行切音字，忙得不亦乐乎的时候，戊戌变法维新运动开始了。维新派主张"广开言路，不论官民一律上书言事，严禁官吏抑阻"；"奖励新著作，新发明"。清工部虞衡司安溪人林辂存对卢戆章的切音字极为赞赏，即以"字学繁难，请用切音，以便学问"为由，呈请都察院代奏光绪帝，请求将卢戆章字学新书颁行天下。不久，传出光绪帝谕旨："都察院奏林辂存呈称字学繁难，请和切音，据情代奏等因，着总理各国事务衙门调取卢戆章等所著之书，详加考验具奏，钦此！"

这对于卢戆章来说真是喜从天降。他急忙捧着他的切音字方案跑到北京一呈御览。可惜总理各国事务衙门还没来得及考验，戊戌变法失败。以后国是日非，事端叠出，林辂存呈请推行切音字的事就被搁下来了。卢戆章的梦想也成了泡影。

卢戆章失意而返，却声名在外。1899 年卢戆章接受日本的台湾总督儿玉的聘请，赴台湾主持总督府学务课。有人对卢戆章此行，颇不以为然，认为他丧失立场，居然为日本人服务。但卢戆章只是一心想他的切音字推行，而顾不上多思其余。在台湾 3 年，卢戆章潜心研究台湾历史及日本文字，重新修订拼音方案，采用汉字偏旁，另创一套有声母 25 个，韵母 102 个的切音新字方案，写成《中国切音新字》。3 年后，他感到在台湾无法实现自己的理想，便辞职回到厦门，寓居鼓浪屿内厝澳。

可是将切音字推行全国的梦想依然激励着卢戆章。1905 年，戊戌变法 7 年后，卢戆章仍不忘当年光绪帝谕旨，携新作《中国切音新学》再度赴北京，以期获得认可并得以推广。但当时总理各国事务衙门已为外务部所取代，外务部以此推给学部。学部又以当年谕诣是发给总理各国事务衙门的，又推给外务部。外务部虽然接受下来，但无从"考验"，因为外务部是办外交的，于是又交学部。如此在学部和外务部之间踢皮球，卢戆章在北京引颈翘望足足等了一年。

1906 年，"等无可等"的卢戆章具书一封，呈言苦情："计自去年讫今，已寒往暑来，尚未蒙调考代奏。戆章虽草茅下士，然平生大愿，则以四五百兆同胞皆能读书爱国，大进文明为怀。所以竭尽二十八载心血，始成《中国切音字母》一书。幸逢圣上采及刍荛，况又科举废，学堂兴，文明大启，是以戆章于万难中拮据资斧，不惮君门万里，自福建跋涉到此。乃延搁时日，守候无期，旅资告竭，寒士无颜。计惟恳请催大部，俯鉴万难守候之苦情，速赐移咨学部考验批示，是非一言，无不只遵，以便行止。"

在卢戆章的催请下，学部总算把"皮球"踢给"译学馆"。

"译学馆"文典处的 3000 字批语，称"该书疏谬略有数端，自难用为定本通行各省"，几乎给卢戆章毁灭性打击。

指望清廷推广切音字的梦想看来是破灭了。但卢戆章仍然不甘心。他黯然回厦，路经上海，顺道把《中国切音字母》略加修改，改为《中国字母北京切音教科书》，与另一本《中国字母北京切音合订》一起在上海出版。卢戆章的朋友林季商（即林祖密，早期同盟会会员，居鼓浪屿）为两书封面题词："卅年用尽心机，特为同胞开慧眼；一旦创成字母，愿教我国进文明"，算是道尽卢戆章的一片苦心。

虽屡遭挫败，卢戆章还是壮心不已。1913 年，为核定标准国音，教育部在京召开"读音统一会"。来自全国各地的语言大师云集京城。作为福建省委员的卢戆章，一腔热诚，满怀希望，花甲之年，千里赴京。会上，委员们各自出示自己的研究成果。可是除了卢戆章的"注音字母"外，其他成果都不成完整体系。经大会反复研讨比较，大会一致推举以卢戆章的研究成果为主体，采纳其音符（声母）和 37 个字母（韵母）的设置框架，保留他所发明的全部 21 个音符，并从他的 37 个字母中选用 25 个，余下 12 个则抽取其他代表之作补齐，从而确立了一套比较完善的全国通用"国音字母"（汉语拼音）体系，沿用至今。

这套"国音字母"虽然以卢戆章的 21 个音符为主，但毕竟，卢戆章近四十年研究的汉字拼音方案没有最后得到大会支持。卢戆章心情之抑郁可想而知。当时读音统一会会长吴稚晖了解他的心情，写信向他致意说："先生为首创音字之元祖，虽'注音字母'笔画未依尊制，而先生不朽之心思，仍寓于注音字母之中。今之溯源流者，必举大名，是千秋之业，不必在形迹也。"有此一言，或可慰藉卢戆章孤愤之感。

已过耳顺之年，卢戆章依然孜孜不倦修改他的拼音方案。1915 年，卢戆章又对前一方案进行全面修改，在厦门闽南书局刻印《中国新字》，形成他的第三套汉字拼音方案，将字母改为汉字偏旁的简化笔画。鼓浪屿名士，台湾归来的林尔嘉欣然为《中华新字》作序："吾友卢君戆章创为新字，肆毕生之精力，以求其所著之必传。尔嘉读君所作，知其苦心独造，通俗易晓，故序而刊之，以饷我国民，以告当世有教育之责者……又恐推行不广，一刊再刊，毕生汗血之资，倾而不顾……"由此可见，卢戆章所出版的种种书籍、教本以及宣讲经费，大都由自己掏腰包，卢戆章也因此罄尽家财。

至此，卢戆章先后共设计订定了三套汉字拼音方案。第一套采用的是拉丁字母符号；第二套采用的是仿日本假名系符号；第三套采用的是汉字笔画式符号，他的拼音方案采取声韵双拼法，既继承中国的反切传统，又借鉴西方的拼音文字。而他于1892年在厦门发表的"中国切音新字"成为我国自主拟订的第一个拉丁字母拼音方案。它的发表，标志着中国语文现代化运动帷幕的正式揭开。

1916年，卢戆章曾与林尔嘉进一步筹划组建"中华新字促进会"，并拟创刊《新字月刊》和招办新字师训班，以便尽快培训骨干，赴闽南各县内地推行民众教育，可惜因意见不一而搁浅。同年，卢戆章出版了宣讲汉字拼音方案的《中华新字国语教科书》和《中华新字漳泉语通俗教科书》。之后，卢戆章又制成一套闽南国音，取名《闽南语注音字母、卢戆章中华新字字母、罗马字字母对照表》。

1921年，吴稚晖致书驻守漳州的粤军首领陈炯明推荐卢戆章："闽南欲作文化运动，不可无此君耳！"陈炯明立即请卢戆章在漳州的南山寺等处讲授拼音切字之法。不久，粤军退出漳州，卢戆章回鼓浪屿定居。

4. 回归故里

君门万里，还是回归故里。鼓浪屿内厝澳 48 号，低矮逼窄的一座小屋，是卢戆章晚年的栖居地。鼓浪屿的碧海金沙、红砖丹瓦还是难以慰藉晚年卢戆章壮志难酬的悲怆。终日所念念不忘的仍是传播他的切音字法。"有从而问学者，不惜焦唇敝舌"以诱之。而近在身边的儿孙，更是近水楼台，随时受教于他。他的外孙女周颖全（长女卢天德之女，杨世廉之母）还记得，小时候她总跟在卢戆章身边，参加他老人家言传身教的"语音学习班"，兴致勃勃地凑在一大帮人中间，一遍遍地大声诵读"ㄅ（玻）、ㄆ（坡）、ㄇ（摸）、ㄈ（佛）、ㄉ（得）、ㄊ（特）、ㄋ（讷）、ㄌ

内厝澳 48 号卢戆章故居　（陈勇鹏摄）

（勒）……"

每日朝夕，卢戆章与比邻而居的庄克昌先生相逢街坊，必攀谈半响，相揖而别。"我们闽南人吃亏，投胎投错了地点，偏偏生长在南方滨海之区。你看，我发明的字母，用来切音，推进教育，以达到文明的地步，四十年如一日。谁知教育部衮衮诸公，因为我是厦门人，不配谈国语运动，而横被抹煞勒死了！唉！四十年之功，废于一旦！你看，闽南人就是闽南人，只有吴稚晖先生知我来者，得一知己也可以无憾了！唉……"言下颇有遗世之感，竟老泪纵横。

卢戆章晚年家境清寒，一子早夭，三个女儿（天德、天恩、天喜）分别嫁人。卢戆章唯与一小外孙相依为命。好在太太自养鸡养猪，补贴家用，毫无怨言。卢戆章无钱订报，又关心国事，没奈何只好每天派小外孙持一纸条向邻居庄克昌先生借报来读。纸条上写："请将本日报讯交付小孙带来，我看完立刻送还不误，是切！"吴稚晖来厦时，两次渡鹭江亲临小楼拜访他，看到这个情景，就要让教育部按月拨款以养卢戆章晚年。可卢戆章"戆"气又犯，固守"君子固穷"之古训，坚决不肯接受这笔资助。

1928年12月28日，卢戆章病逝于鼓浪屿内厝澳小楼。室无长物，唯有字书及韵书满架。

5. 闽南遗响

如今转眼百年已逝。今年（2011年）距卢戆章诞生157周年，距卢戆章逝世83周年。卢戆章若地下有知，多少身后事，当让他含笑九泉。

首先，闽南人现代汉语改革薪火不竭，拼音文字推广后继有人。卢戆章的大女儿卢天德，嫁给了当时鼓浪屿英华书院英文主任周宗侨（曾任英国驻厦门领事秘书）。而周宗侨的堂弟，就是后来著名的语言学家、厦门大学教授周辨明。

卢戆章身后萧条，但百年之后，他的后人不仅枝繁叶茂，而且各有所成。2009 年 11 月，卢氏家族后裔在卢戆章曾外孙李博谟（时任美国硅谷美华科技商会副会长、美国加州和平统一会理事、美国 JPL 投资公司总裁等职）的率领下，从美国、印尼、台湾、上海等地一行 20 余人齐聚鼓浪屿卢戆章墓前与碑前，默默长注视，深深三鞠躬。

而卢戆章当年殚精竭虑、焦唇敝舌创制推广的汉字拼音在电脑时代发挥了巨大作用。据统计，我国 95% 以上的电脑用户采用的是拼音输入法。如今，汉语拼音业已成为中国与世界沟通的一座重要文化桥梁，在国际交流、对外汉语教学、手机输入、手语、盲文等各个领域正发挥着不可估量的巨大作用。

在此，我们不妨回顾一下 100 年来，卢戆章在中国汉语改革进程中留下的痕迹。他的曾外孙，现居泉州的杨世廉先生做了以下的整理：

1930 年（民国 19 年），教育部委托国语统一筹备委员会常务委员白涤洲致函卢戆章长女卢天德，调取卢戆章事略和遗稿。卢天德于是撰写了《中华首创音字之元祖卢戆章先生》一文，并附送卢戆章的遗稿及一张照片。

1955 年，中国文字改革委员会在北京举办"中国文字改革文献资料展览会"，全面介绍卢戆章的事迹并展出他的部分书稿和遗物。

1956 年，文字改革出版社重新出版《一目了然初阶》。编者在"内容说明"中这样写道："这是 1892 年出版的中国拼音文字的第一种方案和第一本著作。我们说中国拼音文字已经有六十多年的历史，就是从这个方案和第一本著作算起……作者卢戆章一生从事拼音文字工作四十年，是中国拼音文字运动的一个先驱"。

1958 年 2 月 11 日，由"汉语拼音方案审定委员会"制订的

《汉语拼音方案》，经第一届全国人民代表大会第五次会议批准，正式确认为中华人民共和国的法定拼音方案。

1982 年，国际上长期以来沿用国外编制的威妥码系统拼写中国人名、地名等专有名词的局面终于由我国自主编制的汉语拼音系统所取代——汉语拼音被国际标准化组（ISO）规定为拼写中文的国际通行标准，从而正式奠定了汉语拼音的国际化地位。

1992 年，北京举行"中国语文现代化运动 100 周年纪念会"。大会呼吁，要宏扬卢戆章的爱国精神和先进思想，盛赞他对普及民族文化教育的卓越贡献。当年，全国语言文字界的知名人士纷纷发表纪念文章。其中，我国当代最权威的语言文字学家周有光撰写的《切音字运动百年祭》如此开头："卢戆章（1854—1928）的'中国切音新字'厦腔读本《一目了然初阶》在 1892 年（清光绪十八年）出版，到今年整整 100 周年。这是中国人民自觉地提倡'拼音化'的开始，弥补了中国传统文化中没有'拼音化'的重大缺陷。在《汉语拼音方案》已经公布，汉语拼音教育一天天扩大的今天，我们深深体会到 100 年前筚路蓝缕、披荆斩棘的首创功劳具有何等重大的意义。"

正如厦门大学教授，《语文现代化先驱卢戆章》一书的作者许长安所言，卢戆章是以小小的拼音字母切入整个中国语文现代化的"大工程"，包括他后来在国内率先提倡使用简化字、推行汉字横排横写、推行白话口语、提倡全国统一使用京音官话、教学使用注音识字、发明新式标点等等，无不体现了卢戆章"卅年用尽心机特为同胞开慧眼，一旦创成字母愿教吾国进文明"的强国富民之心。

参考资料：

1. 卢天德：《中华首创音字之元祖卢戆章先生》

2. 洪卜仁：《卢戆章》(《福建省志人物传记》第一辑)

3. 黎锦熙：《国语运动》(《万有文库》商务印书馆 1933 年 12 月版)

4. 卢美松：《中国拼音文字的首创者——卢戆章》(《福建史志》1998 年 1 月)

5. 雷一鸣：《在台完成音字之元祖卢戆章先生》(《台湾文献》6 卷 2 期)

6. 《卢戆章》(《民国人物小传》第 7 册，刘绍唐主编)

7. 庄克昌：《卢戆章先生》(《庄克昌文集》)

8. 邱承忠：《另拼音文字运动的先驱——卢戆章》(《鼓浪屿文史资料》第 3 辑)

9. 杨世廉：《关于卢戆章生平事迹若干问题的考证》(杨世廉博客)

10. 杨世廉：《卢戆章后裔寻根谒祖记事》(杨世廉博克)

11. 杨世廉：《 纪念外曾祖父，现代汉语拼音文字之父——卢戆章》(杨世廉博客)

"师儒硕望"
——语言学家周辨明

当卢戆章正在为生为闽南人"不配谈国语运动"而悲叹的时候，另一个生在闽南的人却步其后尘，重蹈前辙，成为现代汉语改革的倡导者和实践者。这个人就是卢戆章女婿周宗侨的堂弟周辨明。1928 年卢戆章去世，周辨明正在赴德国汉堡大学攻读语言学博士的路上。

相对于卢戆章的苦心孤诣，壮志难酬，周辨明则是水到渠成，实至名归。

周辨明 （王明理提供）

1. 牧师之家奠定教育基础

1891 年 11 月 13 日，周辨明生于鼓浪屿的一个牧师之家。简要地介绍一下鼓浪屿周氏家族背景，有助于我们了解周辨明的成长环境。

鼓浪屿晃岩路 35 号，曾是前清一位周姓举人的住所。他的两个儿子，哥哥周之德和弟弟周寿卿，都是鼓浪屿当时为人敬重的牧师。与林语堂的父亲一样，周氏兄弟都是闽南地区早期的中国传教士。家境寻常，有一定知识，思想开明，愿意接纳新事物，是早期闽南地区中国传教士的共同特点。他们因为与外国传教士打交道而眼界大开，认为只有把孩子送到鼓浪屿的教会学校读书才会有前途。周辨明与林语堂应该都是这一观点的受益者。

当时的牧师，工资并不高，但是牧师由教会提供食宿，孩子都可以在教会学校免费接受教育，并且有出国留学的可能。周辨明和他的兄妹们大都受益于此。

周辨明的父亲周之德是周家长兄。据说他早年在福建长汀一带传教，建立了良好的人脉根基。以致抗战爆发，厦门大学萨本栋校长委托周辨明选址迁校。周辨明便选择了长汀作为厦大战时校区。当然这是后话。周之德太太谢氏是南洋归侨，勤俭贤良，是一个为人敬戴的牧师娘。在周家的二子四女中，长子周森友，是留美医学博士。而最引人注目的，莫过于幼女周淑安（1894—1974）。她是我国现代音乐事业的先驱者，中国现代声乐教育家，第一位合唱女指挥家，第一位女作曲家……批 10 名公费留美女学生之一。而在鼓浪屿，周淑安……俭，则无人不知，她在福音堂组织的"幼徒会"，为……期音乐启蒙教育的摇篮。

周辨明的叔叔周寿卿，虽不富有，却热心现代教育。他的住所边，即现在晃岩路 37 号，创办了鼓浪屿最早的一所女子学校——厦门女子师范学校，即"高等女学"，又称"上女学"。据说，著名妇产科医生林巧稚就曾经在这儿上过学。周寿卿的太太白既然，是当时鼓浪屿有名的萃经堂的主人白瑞安的三女儿。他们有三子五女。排行老二的周廷旭，是世界著名的油画家。而

晃岩路 35 号，周家昔日家园如今焕然一新，不复从前 （陈勇鹏摄）

周廷旭的太太张氏，是宋子文的妻妹。哥哥周廷杰子承父业当牧师，1949 年后一直在美国。而世界著名钢琴家，傅聪的夫人卓一龙，就是周家大女儿周默士与美孚石油公司闽南地区的买办卓绵成的养女。

周辨明生于这样一个平静和睦，书香浓郁，其乐融融的牧师之家，为他以后各方面的成长创造了良好的条件。

2. 博文达理学贯东西

如果说，较好的家庭环境，让周辨明能够心无所忧学有所持，那么鼓浪屿良好的教育环境，则让周辨明心无旁骛学有所成。而时代的推进，社会的变革，使作为晚辈的周辨明有机会获得比卢戆章全面系统的近现代化教育。这从周辨明学科跨度之大和所涉领域之广即可看出。

从笔者已有的资料中推测，周辨明很有可能就读于鼓浪屿东山仔顶上的寻源书院。寻源书院由美国归正教会和英国长老会联合创办于 1881 年，原名寻源斋，意为"寻真理之奥，启智慧之源"。与其他教会学校一样，寻源书院重视英文和自然科学。从这里走出去的学生一般英语都很具优势。难能可贵的是，寻源书院很早就重视体育教育，1896 年就把体育课列入教学体系之中。这为周辨明以后的学业打下了良好的基础。

敏而好学，勤而用心，1911 年，20 岁的周辨明就毕业于上海圣约翰大学。那个时候，上海的圣约翰大学是鼓浪屿教会学校毕业生的主要选择。比如早一点的马约翰、晚一点的林语堂都是圣约翰大学的学生。寻源书院的英语底子使周辨明在圣约翰大学如鱼得水——他一毕业就留校当了圣约翰大学预科英语教师。1914 年，周辨明应聘清华大学，到清华接着教英语。1917 年，周辨明远赴美国，在哈佛大学转攻数学。学科跨度之大，令人惊叹。

1921 年，陈嘉庚创办厦门大学。当年 10 月，周辨明应陈嘉庚之聘，到厦门大学做总务主任（一说生活指导长），兼任预科班必修的高等几何教师。

让人再跌眼镜的是，1928 年，周辨明再次改弦易辙，居然被厦大派到德国汉堡大学攻读语言学。这一次，周辨明算是"死心塌地，从一而终"，从此埋头钻研现代语言学，积极投入文字改革运动，终成卓有成就的语言学家。1931 年，周辨明获研究语言学和实验语音学方面的哲学博士学位。短期的，周辨明在伦敦大学东方语文学院做了一段时间的汉语教师。

1932 年，周辨明重归厦大，任英语系教授，注册部主任。1933 年，周辨明改任文学院院长。1937 年 7 月，厦大迁长汀，周辨明任语言学教授，兼任教务长。1941 年，周辨明再任文学院院长。1945 年，抗战胜利后，周辨明奉命先回厦门主持学校复校工作，筹备当年新生入校后在鼓浪屿八卦楼上课等事宜。后厦大成立新生院，周辨明担任新生院院长兼文学院院长。1949 年至 1950 年，周辨明应英国文化委员会（Britist Council）邀请，到伦敦剑桥大学做访问教授。之后，周辨明移居新加坡。1954 年起，在新加坡马来亚大学任中文教师，直到 1960 年退休。

简单罗例一下周辨明的求学与学术经历，可以发现他学科跨度很大——从英语到数学，从数学到语言学，可谓文理兼修；足迹范围很广——从上海圣约翰大学到北京清华大学，从厦门大学到美国哈佛大学，到德国汉堡大学，再到英国剑桥大学。可谓学贯中西。这大概是卢戆章一代学人望尘莫及的地方。

3. 不遗余力潜心语言学研究

19 世纪末 20 世纪初，我国国语罗马字拼音化运动方兴未艾。以福建人卢戆章（鼓浪屿）、蔡锡勇（龙溪）、力捷三，上海人沈学，广东人王炳耀为代表的第一期国语运动虽然因时代变革、战乱频仍而未尽完备，功败垂成，但也为以后国语拼音化运动的进一步发展奠定了基础。在此基础上，周辨明及同代学者试图用所学西方知识，建立起中国自己的现代汉语言学学科体系。相对于卢戆章一代汉语言文字工具性的研究，无疑是飞跃性的进步。

1922 年，周辨明发表了论文《中华国语音母和注声的刍议》。1923 年又发表论文《中华国语音声字制》，并由商务印书馆出版同名著作，提出了自己的罗马字拼音方式。他在《万国通语论》和《在迈进中的中国罗马字》等著作中，阐述了他设计的通性方言拼音，设想能使拼音文字定型下来并收到跟汉字一样见形识义的效果。周辨明和他的学生，著名语言学家黄典诚教授合著的《语言学概要》，介绍了语言和语言演变的基本知识，力求解决中国语文的一些问题，即希望中国人能操同一语言，能使书写与口语相应，共用四通八达的文字。著名语言学家吕叔湘教授为该书作《序》："周辨明先生是我国语言学界的前辈。他很早提倡用拉丁字母拼写汉语，还一直盼望通过汉语拼音化来促进万国通语的诞生。他是一个'不可救药'的理想家，但又是一个敢于面对现实的实际家。"

周辨明与当时著名的语言学家赵元任、钱玄同、刘半农、黎锦熙、林语堂、汪怡组成"竹林七人会"。他们都是国语罗马字的创始者和支持者，以研究国语罗马字为主旨，因此号称"竹林七贤"。周辨明不仅著书立说，还将国语罗马字化在厦大推行。1932年，周辨明发起组织前驱国语社。他在《厦大周刊》连续刊载《前驱国语罗马字刊》(后改名《前驱国语罗马字读本》，于1934年由厦大出版社出版)，在国内产生广泛的影响，对我国汉语拼音化起了积极推动作用。1941年，周辨明被教育部聘为"国语推行委员会方音注音符号修订委员会"委员，参加拟订"国语罗马字拼音法式"。

对于推行汉语拼音化，周辨明坚定不移。他主张汉语拼音必须采用26个拉丁字母，以便与国际最通用的文字接轨。他提出汉语的拼音不能不标注声调，而声调的标注同样可以采用字母的标注来实现，认为这样可以解决书写、排印等困难和不便。1947年7，周辨明应教育部之邀北上南京参加联合国远东区基本教育会议。1947年7月6日的《江声报》、1947年7月9日的上海《新闻报》对此都予以报道。上海《新闻报》更是刊登了周辨明关于国语拼音化的声明："……自本国方面而言，古老艰难之汉字，不能迅速扫除广大文盲，此为举世皆知之事实。现我国应如土耳其、日本等，下最大决心，毅然采用易教、易读、易写、易学，而又适合世界人士学习之罗马拼音法。"

周辨明在不遗余力研究和推进汉语拼音化运动的同时，还运用现代语言学的方法对厦门语音进行了开创性的研究。周辨明指出，闽南话的音韵系统与中古时期的韵书《切韵》最为接近。早在 20 年代初，他就发起成立"厦语社"，拟定"厦语罗马字"，将闽南白话字的符号标调法改为国语罗马字的字母标调法。1930 年，周辨明在德国汉堡大学写了《厦语音韵声调之构造与性质及其于中国音韵法上某项问题之关系》这篇重要学术论文，发表在当时著名汉学家伯希和主编的巴黎《通报》上。以后他又写了《厦语声调实验录》。这两篇论文对厦语之界说、厦语声调之性质、厦音所占的古音成分等均有精辟论述，对汉

1947 年 7 月 6 日《江声报》报道周辨明赴京参加"预备教育会"的消息

语语音史的研究具有重要启发作用，至今在学术界仍有一定的影响。

周辨明还致力于汉字索引法的研究。1927 年他发明的《半周钥笔法》(《厦门大学季刊》1 卷 3 期)，旨在使汉字的索引也能像西方文字那样简单，即让汉字的基本笔画也有个如同西文一样可以理喻的顺序。他利用钟表长短针在半圆内的推进的态势，确立了 10 种钥笔的次序。作为补充，周辨明后来又出版了《半周钥笔索引法编排国音字汇及电码书》，对这种检字法做了阐述。这种检字法能按汉字结构的特点将形声字结集一起，有显著优点，为学界所重视。

4. "师儒硕望" 饮誉南方之强

周辨明的汉语言研究主要是在厦大进行和完成的。在厦大，周辨明即是教授学者又是行政管理者。他先后执教高等几何、英语等学科，又先后担任总务主任、注册部主任、教务长、外文系首任主任、文学院院长、新生院院长等行政职位。

在众多的头衔中，周辨明首先是一个教授。一周 16 节课时，周辨明是一节都不会拉下，而且亲自执教低年级英语必修课"英语语音学"。多年后，厦大校友，山东大学经济法教授端木文在一篇回忆母校的文章中，还提到"周辨明的英语课更是同学们爱上的基础课"。

周辨明不仅精通英语，还精通德语和法语，因此也常兼授德语和法语课。有寻源书院的英文底子，周辨明说得一口纯正、优美的英语。周辨明的学生，今年 85 岁高龄的黄猷老先生（原福建省社科院副院长）说："有一年，一个国际组织派美籍英语教授 Drake 到鼓浪屿英华中学开培训班，目的是纠正大家的英语发音。这个培训班为什么不到厦门大学开？ 因为周辨明认为他就能讲一口标准英语，跟他学就好了，用不着跟外国人学！"1949年，曾任厦大中文系主任的郑朝宗教授（1912—1998）到英国剑桥大学留学，与在英国剑桥大学作访问学者的周辨明多有请教。他对周辨明的英语佩服得五体投地，说周辨明英语说得比伦敦人还好。可见周辨明英语造诣之深。

周辨明在英语教学中非常重视学生的听说读写四种能力的培养和训练，强调英语实践能力是外文系的主要特点和教学目标。他善于把语言、文学和文化三者结合起来，使学生能真正能提高英语的语言能力，奠定了厦大外语学院"打好基础，突出听说，重视实践"的优良传统。

及时引进和吸收外国英语教学最新的教材和教学法，并善于结合中国学生的特点，编写适合中国学生实际的英语教材，是周辨明英语教学的又一特点。他编写出版了《大学初年英文复习手册》、《中英会话三用教本》、《英文文法纲要》以及《语言学概论》等教材。他的英语语法采用了丹麦语言学家叶斯伯林的三品说；他和李庆云合作编选的《大学一年级英文选读》几乎每年都有新版本，书中及时选编当时英美著名作家的新作品。周辨明采用当时比较先进的直接法教学法，保持与世界英语教学同步水平，为厦门大学外语教学贡献巨大。

在厦大的历史上，像周辨明这样自厦大 1921 年建校，就任教于厦大的教授为数甚少。而像周辨明这样在现代语言学和汉字拼音化及英语教学等多学科领域成就卓著的学者就更少。1946年厦门大学 25 周年校庆庆典上，周辨明获赠一座上镌"师儒硕望"四字的银鼎，以表彰他为厦大勤恳服务 25 周年。

5.长汀之迁功不可没

周辨明尽职于厦大，在抗战期间厦大内迁长汀中表现尤为显著。实际上，周辨明是厦大内迁长汀的真正"操盘手"。

1937年7月1日，私立厦门大学正式被南京国民政府接管，改名国立厦门大学。清华教授萨本栋博士出任校长。不久，抗战全面爆发。是年9月3日，厦大生物楼被摧毁，迁校计划被提上日程。后厦大借鼓浪屿英华中学及毓德女中部分校舍继续上课，但终非长久之计。萨本栋校长决心迁校福建内地，委派时任教务长兼文学院长的周辨明前往福建内地选址。周辨明直奔长汀而去。因为他的父亲周之德早在1892年就在长汀一带传教，建立闽西布道团。原来伦敦会留下的建筑还保存完好，正可以用来作厦大校舍。长汀很快被选定为厦大内迁的校址。

关于周辨明长汀选址，周辨明的学生、今年（2011年)87岁高龄的华东理工大学退休教授朱思明，还讲了一段有趣的故事。据说周辨明为了寻找一个理想的校址，翻山越岭，不辞辛苦。有一天，他来到长汀一个很高的山岩，看见半山上有一座庙，一个四面菩萨面朝四面背向反坐。两边一幅对联，上联是："问菩萨因何反坐？"下联是"笑世人不肯回头"。周辨明一看对了，回来就跟萨本栋校长说，菩萨反坐在笑你这个菩萨不肯回头。厦大就这样搬到长汀去了。

6.白城"邸堡"彰显绅士风度

周辨明出生鼓浪屿牧师之家，留学执教欧美，自然有一派欧美绅士风度。黄猷老先生说，周辨明很洋派，穿得整整齐齐，很有绅士派头。周辨明的"面线亲"，也是他的学生黄典诚的学生周长楫，在一篇文章说，当年周辨明在厦大校园里，总是身着笔挺的西装，面带微笑，风度儒雅，是校园里的一大"亮点"。

当时厦大的另一个"亮点"，就是周辨明的"邸堡"。在今厦大白城图书馆旧址附近的小山坡上，周辨明自建一座别具风格的

19世纪20年代鼓浪屿国际居住区 （白桦提供）

西式小楼房，名之曰"邯堡"，是为纪念他攻读博士的母校德国汉堡大学而命名的。可惜这座"邯堡"毁于抗战中日军的炮火，不然留存今天，一定是厦大的一大景观。

周辨明富有才情，十分幽默。1944 年秋，厦大校长萨本栋要离校访美。长汀县万人空巷为之送行。时任外文系主任的周辨明预感到萨本栋校长有可能此去不再回校，于是在"囊萤斋"亲自谱写了英语歌《SUSAN, BRING YOUR HUSBAND BACK》。歌中的 SUSAN 是萨本栋校长的夫人萨黄淑慎的英文名字，全歌反复唱着同样的歌词："SUSAN, BRING YOUR HUSBAND BACK"，师生们在周辨明的带领下为萨本栋校长送行，深情高歌，一唱三叹，热泪盈眶。这可是厦大校史上英语原创歌曲荡气回肠的绝唱。

周辨明很钦佩鲁迅。1926 年秋，鲁迅到厦门大学教书。他幽默地对人说，鲁迅姓周，是他的本家。9 月 25 日，鲁迅从生物学院移居集美楼，没有家具，周辨明知道了，便以总务长身份，把家具送到鲁迅宿舍，并格外添了一把楼木躺椅。12 月 31日，是阳历除夕，周辨明特地准备"薄饼"家宴，邀请鲁迅到他家里聚餐。陪坐的除欧兆荣，章廷谦两位教授外，还有周辨明夫人朱秀鸾，林梦琴（林文庆）夫人殷碧霞，林和乐（林语堂）夫人廖翠凤，校医廖超照夫人杨华芳等。当时厦门风俗，请客要分男女坐。有人问他，为什么合坐？周辨明笑笑地说，鲁迅姓周，是一家人……

1984年4月28日，93岁的周辨明长眠于新加坡。

参考资料：

1. 周长楫：《我所知道的周辨明教授》(《鼓浪屿文史资料》第6辑，2001.1)

2. 柯文溥：《语言学家周辨明》(《厦门大学学报》哲学社会科学版，2002.5)

3. 陈梦韶：《语言学家周辨明》(《天风海涛》第6辑，1982.12)

4. 龚小莞等：《重新发现中国油画大师》(《厦门晚报》2003.9.16)

5. 常家祜：《林语堂曾就读的寻源书院》(《鼓浪屿文史资料》第8辑)

(本篇承黄猷先生、朱昭仪先生、朱思明先生接受访谈，在此诚致感谢！)

仰望星空
——天文学家余青松

若无风雨阴云，鼓浪屿的夜空总是晴朗澄净的。天上群星闪耀，像一颗颗美丽的钻石。有一颗星，我们或许不知道它相距何远，又位置何方，但我们知道它有一个名字，叫余青松。

余青松，是一个人的名字。百年以前，他日日穿行于鼓浪屿的小街幽巷，抬头仰望天上的星空，他是否会想到，多年以后，他的名字将成为天上的一颗星星的名字？

1. 求学足迹

1897年4月9日，余青松生于一个官宦之家，父亲余约瑟，母亲林乔宝。或许是因为信仰基督教的缘故，余青松的长辈的名字都带点基督教的痕迹，比如大伯父的名字叫余约翰。余家当时居鼓浪屿鹿耳礁（现鹿礁路）。

据说余青松小时候就读于鼓浪屿养元小学。养元小学为美国归正教会创办。

青年余青松（网络资料）

27

因为其教学目的是培养传教士和教师，《读经》等宗教课程自然不可缺少，但《四书》、《五经》依然是课程的重要组成部分。此外，教会用罗马字编印的《三字经》、《字汇入门》、《罗马字拼音》、《算术》等也是主要科目。1925年寻源书院迁到漳州以前，养元小学的毕业生大多直接升入寻源书院。课程也增加了地理、天文、生理学和罗马字编的《圣经选录》、《圣经撮录》等。余青松很可能这时候就在这个时期接触到天文学，并产生了兴趣。

关于家乡的记忆与感觉当随着余青松远走高飞而逐渐淡远。神秘而美丽的天文事业牵引着余青松从鼓浪屿走向上海，从上海走向北京，从北京走向美国，以至飞越星空。

不错的家境使余青松有机会受到良好的教育。在鼓浪屿读完小学和初高中后，余青松先后就读于上海圣约翰大学和北京清华学堂。1918年，21岁的余青松已经是北京清华学堂（现清华大学）留美预备班的毕业生了。莘莘学子负笈求学，余青松先在美国哈雷大学攻读土木建筑学，获学士学位；后进入匹兹堡大学改

早期鼓浪屿风貌 （白桦提供）

攻哲学和天文学。1923 年，获匹兹堡大学哲学硕士学位，1925 年获加利福尼亚大学天文学博士学位。土木建筑、哲学、天文学，这些听起来毫不相干的学科，为他以后建立中国的天文学体系构筑了强大的知识背景。

2. 漫漫天文路

余青松被美丽神秘的星空所深深吸引，终生求索而无怨无悔。1923 年，余青松在匹兹堡大学的阿利根天文台用 75cm 折射望远镜进行长时间天文观察，撰写了论文《天鹅座星系的光变曲线和轨道》(Light-curve and Orbit of CG CYGN)，发表在美国的《天体物理学杂志》，在美国天文学界受到关注。1924 年 12 月到 1925 年 6 月，余青松连续 7 个月在加州大学的立克天文台连续观测了亮于 4 等的 91 颗恒星的 131 条光谱，除为之定标、归算外，并在"新光谱的轨迹"、"宇宙光谱线的测定方法"等高难度研究领域获得突破性进展。1926 年，余青松完成博士论文《A 型星光谱的氢连续吸收》。同年，余青松又创立"恒星光谱分类法"，被国际天文协会正式命名为"余青松法"。不仅很快在世界天文研究领域内被广泛应用，而且还被一些国家定为中学和大学天文学教学课程的必修课。此时，余青松不过 29 岁。不久，英国皇家天文学会以"对世界天文学研究作出的卓越贡献"，吸收余青松为该会第一位中国籍会员。

1927 年，余青松学成回国。风华正茂，他应厦门大学之聘，出任天文物理系主任及教授。这一年，刚好是余青松的而立之年。一切都似乎水到渠成，顺理成章。各种机会接踵而至。1928 年 6 月 2 日，余青松受国家大学院委派，作为中国代表出席 7 月 5 日在荷兰召开的国际天文学会。余青松卓越的才华引起了时任中央研究院天文研究所所长高鲁的关注。高鲁邀请余青松到正在筹备中的南京紫金山天文台参观。这次参观使高鲁下决心要把余青松留下来。

1929 年 5 月，第四次太平洋科学会议在爪哇举行。受中国天文学会的委派，余青松以厦门大学天文物理教授出席此次会议。余青松在会上作了题为"恒星光强度分配之研究"的报告。会后参观了爪哇茂沙天文台。茂沙天文台虽是小台，但仪器却是最先进的。余青松后来颇有感慨地说："凡欲建立一设备完美，又适于研究之小天文台，应以茂沙为模范焉。"此次参观，对余青松回国后筹建南京紫金山天文台做了铺垫。

1929 年，高鲁出任法国公使之际，向当时中央研究院院长蔡元培推荐了余青松。如此真诚的信任，余青松感怀于心。厦门大学聘期一满，余青松于 1929 年 7 月即赴南京出任中央研究院天文研究所所长。对于这位三十出头便已闻名世界的年轻天文家来说，将要面对的，也许是他人生中最坷坎也最辉煌的一页。

3. 风雨紫金山

20 世纪二三十年代，天文科学还是一个新兴的领域。南京紫金山天文台的创建可以说是开时代先河。一切都从头开始。余青松一到任就致力于天文台的筹建工作。

然而，建一座现代化的天文台谈何容易。对于天文学家余青松来说，技术不是难题，条件简陋也难不倒他。

余青松创建的南京紫金山天文台（网络资料）

真正让余青松进退维谷的是科学与政权之间发生的冲突与矛盾。首当其冲的就是天文台选址问题。

余青松一到南京就亲自上山考察。一番踏勘下来，余青松发现原来选定的台址紫金山北高峰，其自然条件并不适合建造天文台。而更深入地观测及资料收集工作使他确信自己的判断没有错。经过一番慎重考虑，余青松给中央研究所写了一封信，从地势、气象、交通、空气和光线等各方面论述了天文台选址南京或紫金山不合适。但让余青松始料未及的是，原本只是科学研究领域的问题却引来了一场科学之外的责难。南京国民政府"为使国民仰见'党国'提倡科学研究之盛心，表彰中央政府重视学术探讨之精神，国立第一天文台必须要建在首都"，在一些军政要员说三道四的声音中，国民政府最终决定，将天文台建在紫金山北高峰，并且要求立即开工。

余青松对这一决定非常不解。1929 年 8 月 27 日，余青松和当时的国立中央研究院院长蔡元培之间曾有过一次谈话。蔡元培深知"国府一开始主要就是从政治目的考虑，而不是按科学研究的实际需要来同意筹备此台"，但是"今日之中国，政潮澎湃，国势动乱，一旦政局有变，只恐连这样的机会也将失去。要是这样，那在我国发源最早，而近代已日就衰微之天文学，何日才能再谋发扬光大，期与欧美齐驱并进之？"因此，"现在吾辈之行止，已不仅仅是斯台成败之所系"。正是因为如此，蔡元培虽然也非常清楚建台紫金山的弊端，但仍然力劝余青松尽早将天文台建起来。万般无奈之下，余青松想到一个折衷方案，他建议将天文台分建两处，一处依然原定计划在紫金山北高峰，将来侧重颁历授时和行星的观测研究；与此同时，还要在国内再寻找一处更为适宜的高山，他日可以此处对宇宙天体做全方位的探索。蔡元培同意了这个方案，但强调必须要等到紫金山天文台建成后方可进行。

一波未平，一波又起。余青松与蔡元培谈话的第二天，南京陵园管理委员会以有损国父孙中山陵寝形象和风景为名，将高鲁已勘定的盘山路沿路线桩全部拆除。陵园管理委员会还以经费紧张为由，取消对天文台筑路费用的赞助。来自各方面的变故和困扰，对于全情投入天文台筹建工作的余青松无疑是沉重的打击。

但是，余青松没有气馁。他亲自考察山北地形。决定放弃第一峰北高峰，而将天文台建在第三峰天堡峰之下。1929 年 9 月 2 日，余青松来到了天堡峰。站在昔日太平军天堡城要塞遗址上，余青松勾画着未来天文台的蓝图。

台址选定，时不待人。余青松披挂上阵，亲自动手设计天文台图纸。早年在美国的土木建筑学和天文学方面的造就在天文台筹建中发挥了重要作用。他从中央测绘局借来了水准仪、经纬仪等测量器，带领职员吴炳源和一名工友，上山测量、选线。余青松用三天时间以平板仪进行初步路线测量，又亲手绘制出此路的横断面图、纵断面图和平面图各一份。为了预防大雨冲击路面，余青松还在全路设计了八座大小涵洞。

可是余青松再一次遇到了麻烦。他的设计图被有关方面认为太西洋化，与陵园的中式建筑风格不一致。可是天文台必须要有能做 360° 转动的圆顶，而中式风格是在屋顶和屋檐做文章，圆顶不是中国建筑体制。1929 年 10 月 6 日，当余青松走出陵园楼前院子，秋雨如飘，落叶满地，余青松感到寒气逼人。

南京玄武湖畔，余青松苦苦思考对策。看着两位临湖作画的画家，余青松若有所悟，灵光一闪。22 天后，孙科批准了余青松的"中式天文台"的设计方案。

1929 年 12 月，筑路工程在漫天飞雪中迈出了艰难的第一步。恶劣的天气给工程带来了不少困难。但更大的困难却是来自于人为的干扰。开工第二天，孙科即以"地近总理陵寝地"为名，严禁整个施工过程使用炸药，结果原定半年的筑路工程不得已延长了一年才最终完成。虽然磕磕绊绊，筑路工程总算也不乏趣事。在天堡城要塞的西北方，有人发现了一块天然石像，酷似埃及人的面孔。余青松把它命名为"多禄尔"，以纪念这位古埃及天文学家。

1929年冬到1931年6月，一条盘山公路从山脚下一直通到山上，大约花费25000元。这条路后来被命名为天文路，是南京的第一条盘山路，全长2公里。

1931年5月，国立第一天文台终于在紫金山上开工。余青松就地取材，从打地基到砌墙面都采用天堡峰上那些质地坚硬的虎皮石。不仅坚固，而且省钱。两个月后，天文台的第一座建筑子午仪室建成，仅用国币37000元。由于经费有限，全台的建筑无法一次完成，只能一座一座分期修建。

子午仪建好后，小宿舍楼也相继建好。余青松他们还发现了一口太平天国时用的井。这一意外发现，令余青松喜出望外，因为这样一来，山上吃水不成问题了。正当天文台建设渐入佳境时，战乱灾害接踵而至，1931年8月11日，长江中下游发生61年未遇的特大水灾；1931年"九一八"事变；1932年"一·二八"事变。内忧外患，战事频仍，天文台的建设一再遭遇挫折。资金短缺，经费匮乏，是摆在天文所面前的一个大难题。天文台能否顺利建成还是无法预知的事。

和那个时代的知识分子一样，余青松也在苦苦探索一条科学救国道路。虽历千辛万苦，而终不言弃。余青松在1932年秋天的一次所务会上，慷慨陈词，表明心迹："不，绝不能退却！正因为现在民族危难，国事多秋，此台更需要吾辈拼力去建！……救国救民之道虽有多端，但从长远看，最重要莫过于教育，其中又尤以科学教育最为根本……"

建台经费在蔡元培和高鲁的呼号奔走下，1932年，国民政府先后拨款10万元和15万元，中华文化基金会也向天文研究所捐款 5 万元。这些款项为天文台的建设奠定了基础。

1934 年 9 月 1 日，紫金山天文台举行落成揭幕典礼，揭开我国现代天文学研究的序幕。紫金山天文台融中西建筑风格为一体，造型美观，设计合理，成为南京市一大人文景观。山上主要建筑分为天文台本部、子午仪室、赤道仪室、变星仪室，以及大小宿舍各一，共 6 座。紫金山天文台是我国第一座具有现代望远镜的天文台，是当时远东第一流的天文台，也是我国自己建立的第一个现代天文学研究机构。

4. 凤凰山天文台

紫金山天文台建成不到 3 年，抗日战争爆发。1938 年紫金山天文台被迫内迁昆明，选址昆明东郊凤凰山。余青松再一次担当起重建天文台重任。余青松不袭成法，倾心设计，把变星仪圆顶设计得轻巧雅致。凤凰山天文台成为中国科学院所属规模最为宏伟的云南天文台的大本营。

凤凰山天文台落成之后，因南京与昆明的纬度之差，变星仪在昆明无法使用。余青松自己动手，用角铁制成铁架，代替底座，结果稳固程度与原来的底座几乎没什么两样。1939 年，中断了两年多的天文观测在新落成的凤凰山天文台部分恢复了。余青松亲自上阵，主持太阳分光仪的观测，每天四次，上午下午各两次。由于昆明的观测条件很好，所以余青松他们记录到大量关于太阳日珥、光斑、黑子的资料。余青松对资料进行了整理，每三个月编制一份报告寄到巴黎的《日面现象》杂志发表。余青松在此期间，还主持完成了 1939 年和 1940 年的国民历。余青松亲手绘制天文图像，使这种国民历不仅实用而且美观，别有风格，因此非常受欢迎。1939 年，国际天文协会举行第六届大会，余青松作为中国代表前去参会。可惜因为外汇核准稍迟了一步，误

了船期，余青松未能参加此次国
际天文会议。战争使中国又一次
拉开了与世界科学界的距离。

5. 天文艺术家

　　1940 年 3 月，中央研究院院
长蔡元培病逝香港。年底，朱家
骅任中央研究院代理院长。余青
松被免去南京天文研究所所长职
务，仅聘他为研究员，薪水不变。
余青松难以接受，于 1941 年离开

老年余青松

天文研究所，在桂林及重庆从事光学仪器和教学仪器研制工作。

　　我欲九天揽日月，天不助我奈若何？战火纷飞，战乱频仍，
人事纷扰，余青松满腹才学无以发挥。1947 年，余青松再度出
国，先后在加拿大多伦多大学、美国博尔登高山天文台、哈佛大
学天文台从事研究工作，1955 年受聘于马里兰州胡德学院，直
到退休。

　　余青松在胡德学院工作了 12 年。余青松是幸运的，就像他
的学生们一样幸运。因为 1924 年，有一位叫 M.J.Williams 的
女士为胡德学院捐赠了一座装备精良的天文台，其主要的仪器是
一架口径 8 英寸折射望远镜。这在当时是极为罕见的。12 年中，
1070 个学生亲聆过余青松的讲课。余青松对天文的理解与理想、
热爱与热情渗透于他 12 年中孜孜不倦的研究与课堂中。1967
年，鉴于余青松出色的工作，胡德学院以学院年鉴——"试金石"
敬献于他，以表示学院师生对他的敬仰与惜别之情。

　　晚年的余青松仍对美丽而神秘的星空痴迷不已。他与门泽尔
合编的《恒星和行星观测指南》中，200 多幅星图和插图，精美

精微，别具一格，是晚年余青松的得意之作。著名天文学家门泽尔在《天文学》一书中，称赞他是"艺术家"。

6. 星汉灿烂

1978年10月30日，余青松病逝于美国。

余青松当然不会知道，他逝世之后，夜空中却有一颗星星以他的名字命名。1987年12月22日，美国哈佛史密松的橡树岭天文台发现一颗星等17.5的新小行星。小行星中心确定这颗小行星的永久编号为3797号。1989年4月，《小行星通报》第14481号在一篇文章中写道："第3797号小行星系1987年12月22日在橡树岭天文台发现，兹命名为'余青松'，以纪念这个美籍中国天体物理学家（1897—1978）。"

余青松成为第四个冠名小行星的华人，中国有理由为之骄傲，鼓浪屿更有理由为之骄傲。

在大多数人看来，天文学就是将望远镜不断伸向宇宙更深处，而在余青松看来，天文学其实还给人类思想一副"望远镜"。与哲学一样，天文学于星云之上，启示着人类行进的方向，如此美丽又如此神秘，令余青松如痴如醉，死而后已。

"星汉灿烂，若出其里"，从鼓浪屿走出的天文学家，何时梦回故里？

参考资料：

1. 江晓原、吴燕：《紫金山天文台史稿——中国天文学现代化个案》(山东教育出版社，2004.12)

2. 刘绍唐：《余青松》(《民国人物小传》刘绍唐主编)

3. 龚树模：《紫金山天文台创建者——余青松》(《百科知识》1980.5)

4. 朱质：《解放前鼓浪屿的教育概况》(《鼓浪屿文史资料》第9辑)

5. 常家祜：《林语堂曾就读的寻源书院》(《鼓浪屿文史资料》第8辑)

6. 《厦门市志·卷五十——人物》(上)

大爱沉沉
——妇产科专家林巧稚

居于鼓浪屿，或者只是匆匆的游客，"林巧稚"的名字耳熟能详，就像鼓浪屿的三角梅随处可见。

她的汉白玉全身雕像屹立于毓园，沐晨风暮照，慈和安详。她曾经居住过的晃岩路 47 号，虽已荒败，却形容犹在，在导游们的口中隐约其词。

在鼓浪屿，她是如此切近，又是如此遥远；是如此光芒，又如此朴实。

1. 家世渊源

就像宋耀如不同寻常的经历造就了非凡的宋氏兄妹一样，我相信林巧稚的父亲林良英的人生历程也影响着林巧稚的心灵与精神。

关于林巧稚的父亲林良英，至今在他的孙辈中流传着一个近乎传奇的故事。19 世纪末，在闽南一带，出洋谋生是一个不错的人生选择。许多人走出去，打拼天下，成就事业。无论成败，总是人生难得一回搏！据林巧稚的侄子林嘉禾说，巧稚的父亲林良英，弱冠之年，就远走新加坡，成为千千万万下南洋中的一员。

　　林家祖籍福建同安琼头。林良英下南洋的时候，已迁居至厦门郊区湖边。在新加坡，林良英是一家药店的伙计。店主见他聪明机灵又勤劳刻苦，将其收为义子。林良英的命运从此改写。成为义子的林良英非常幸运地被店主送到英国读书。据说林良英在英国参加了军队并得到过勋章，因此加入了英国籍。

　　大开眼界、小有成就的林良英还是选择了回国，定居鼓浪屿，与厦门禾山何厝一位19岁的贤淑的农家姑娘何晋结婚。作为鼓浪屿会审公堂的翻译和学校的教师，在当时世界有名的"国际居住区"鼓浪屿，林良英算不上"有钱人"。但是一个外国人投资的工程让林良英赚取了第一桶金。于是有了后来所谓"林巧稚

晃岩路47号（小八卦楼）——林巧稚故居

故居"的"小八卦楼"(即今晃岩路 47 号)。1901 年 12 月 23 日，林巧稚生于此楼。

巧稚 5 岁时，母亲死于宫颈癌。好在巧稚兄弟姊妹甚多。大哥林振明为了协助父亲支撑家里并不宽裕的经济，支持弟妹们读书，很早就辍学经营鼓浪屿当时有名的东方汽水厂。鼓浪屿公平路 8 号，林振明的住宅，林巧稚的大部分童年时光是在这里度过的。

2. 碧海蓝天

生于鼓浪屿，应该是林巧稚的幸运。教会与华侨，都竞相办学，弹丸之岛却学校林立。1898 年，对于鼓浪屿来说，是不同寻常的一年。这一年，中国第一家幼稚园怀德幼稚园成立，闽南第一家近代西医医院——救世医院成立，以后影响深远的英华书院成立，鼓浪屿的开化与多元，让林巧稚受益匪浅。

林巧稚就读过的厦门女子师范学校旧址

日光岩下的"蒙学堂"，林巧稚的笑声回荡。这家为英国牧师夫人韦爱莉创办于 1898 年 2 月的"蒙学堂"，即怀德幼稚园，是我国最早的幼儿园。幼稚园当时模仿西欧幼稚园，采用德国儿童教育家福禄培尔和意大利教育家蒙台梭利的教育学说，设置课程和活动。园里的教具也大部分从西欧运来。林巧稚算得上最早的幼稚园小朋友了。在幼稚园里，林巧稚与小朋友们伴着老师的风琴声，一边唱着老师编的儿歌，一边合着节拍做着各种动作，十分有趣。儿歌歌词是闽南歌谣，曲子却是外国名曲。这是当时幼稚园流行的"唱游"的教学法。歌声与琴声，陶冶了孩子们最初的性情与心智。

林巧稚的幸运不止于此。鼓浪屿的厦门女子师范学校（即"高等女学"），始创于当时鼓浪屿牧师周寿卿和名绅黄廷元等人，是当时鼓浪屿女子学校中之名校。林巧稚就读于此校，敏而好学，成绩优良。也许受益于父亲林良英良好的英语底子，林巧稚的英语尤其胜人一筹。这成为她后来顺利被北平协和医学院录取的重要砝码。

在女子师范学校，文静聪明的林巧稚深受卡林校长和梅瑞老师的欣赏。年轻的英语老师梅瑞经常给巧稚看一些原版的英文名著，巧稚的英语水平因此突飞猛进，在同学中出类拔萃。在梅瑞老师的影响下，14岁那年，林巧稚成了一位虔诚的基督教徒。林巧稚和梅瑞老师两个人亦师亦友，好得形影不离。

许多人会以为，林巧稚忙于读书，一定疏于运动与娱乐。庄重与朴素，应该是林巧稚给大家的印象。实际上，学校里的林巧稚非常活跃。鼓浪屿港仔后金色的沙滩总有林巧稚和同学们年轻健美的身影；学校的篮球场上，林巧稚是其中的健将。当然，在鼓浪屿，最大的快乐还是弹琴与唱歌。周末假日，亲戚朋友一聚，便是一场精彩的家庭音乐会。也一起跳舞，或于阳光下的草地，或于华灯下的厅堂。多年以后，林巧稚的侄儿林嘉禾依然记得他初见"三姑"的印象。那是1940年底的一天，还在读英华小学的林嘉禾放学回家，发现父亲居然与一个女人并坐在钢琴前，满室都是优美的琴声。非常惊奇的孩子立即把这一发现报告给妈妈，才知道正在弹琴的"女人"是自己从未谋面的"三姑"

青年林巧稚

林巧稚。原来，林巧稚1939年到美国芝加哥大学进修，1940年11月取道香港回家乡厦门探亲。林嘉禾和家里所有的小孩子，都得到"三姑"的一枚"金币"相赠。笔者曾见过一张晚年的林巧稚正在辅导侄女弹钢琴的照片，想来林巧稚的钢琴应该有相当的功底。

一有闲暇，林巧稚就与哥哥们和同学们结伴郊游。不知道当时林巧稚他们足迹最远到何处？鼓浪屿虽小，但碧海金沙，山环水绕，植物繁茂，总不缺少林巧稚与伙伴们去探索和发现的地方。林巧稚上山下海，挥指琴弦，样样都爱，被同学们称为"快乐的哆来咪"。

家乡鼓浪屿，就如此深深嵌入巧稚的心中。几十年后，林巧稚在北京吃到鼓浪屿同乡黄猷（福建省社科院原副院长）带去的家乡的芦柑，家乡的滋味甜在心头。有时，太想家乡了，林巧稚就嘱黄猷寄一些家乡产的酱菜瘦肉罐头给她。有一次，黄猷寄了几个家乡的芋头给林巧稚，差点被有关部门当成炸弹给没收了。如今年近九十的黄老，讲起当年与林巧稚交往的点滴，温馨而深情。

1920年夏，19岁的林巧稚从厦门女子师范学校毕业。在毕业典礼上，卡林校长亲手为她别上一枚印有AGHS四个英文字母的银质纪念章。这枚带着卡林校长的体温与体现博爱精神的纪念章，只有每届最优秀的学生才有幸获此殊荣，而林巧稚从此就把它别在了心上。

3.愿为良医

从女子师范学校毕业后，林巧稚留校任教，只是时间不长。因为，有另一条路，道阻且长，她却义无反顾矢志不渝：成为一名医生，迎接生命，救死扶伤，也许早已是林巧稚注定的生命之路。

对于5岁的巧稚来说，母亲被宫颈癌折磨的痛苦，一定让她惊恐莫名，无助绝望。林巧稚以后选择做一名妇产科医生，也许与此不无关系。促使林巧稚选择医学为终生事业的更深沉的原因，则应该与当时追求妇女平等的女权运动有关。置身于"万国租界"的鼓浪屿，服务于教会、学校和医院的外国职业女性，一定对林巧稚有示范效应。西医的优势与一些医学传教士的献身精神也感染着林巧稚。1910年，鼓浪屿救世医院院长郁约翰的隆重葬礼震撼了鼓浪屿，想必也震撼了一个9岁女孩的心。

一个细节，写林巧稚的文章，多半津津乐道。说是一次手工课，林巧稚的专心致志与心灵手巧让老师赞叹不已："手很巧呀，当一个大夫倒挺合适。"如果是这句话挠动了少女巧稚立志从医的决心，那么她一次毅然决然的刚烈行为则表现了她的决心是多么坚不可摧。巧稚的侄儿林嘉禾说，当时并不是所有的家里人都支持巧稚报考协和医学院的。家里有人讲了一句闲话："女孩大了找个好人家嫁了就好了，还考什么大学呀！"不想巧稚听了，当即就跑到房间欲割腕自杀。巧稚反应之激烈把大家震住了。震惊之余，家里人都表示同意并支持巧稚报考大学。

"雄关万道从头越！"1921年，林巧稚开始了她的医学征服之旅。北平协和医学院是当时亚洲一流的医学院，每年在800名考生中只招25人，竞争之激烈可想而知。巧稚毫不畏惧，赴上海参加北平协和医学院的入学考试。考场上，考生们无不争分夺秒，埋头答题。唯独巧稚放下了笔，为了救护一位因心理紧张而突然晕倒的女生。巧稚因此没能交上一份完整的考卷。正当巧稚暗下决心准备明年再考时，却接到通知——她被录取了。舍己救人，存心良善，协和看重的是这样的品德；数理化扎实，英语优良，协和认可的是过硬的本领。林巧稚二者兼具，协和如获至宝。巧稚成为 800 个考生中幸运的 25 人之一。

在以后的岁月中，协和应当为当初不拘一格录取了林巧稚而自豪。而林巧稚也不断以自己坚韧的精神和优异的成绩向协和证明了这一点。

"你们男生能考 100 分，我就能考 110 分！"林巧稚面对协和医学院男同学的挑战，毫不示弱。

1929 年，作为当年度协和医学院唯一"文海奖"的获得者，也是该奖设立以来第一位女性获奖者，医学博士林巧稚光荣毕业，成为协和医院第一位毕业留院的中国女医生。

当时，妇产科医生几乎没有女医生，还很保守的女性患者又极不情愿找男医生看病。作为当年唯一的留院女医生，林巧稚选择妇产科作为自己终生事业可谓顺理成章理所当然。协和医院十分看重林巧稚这种敢为天下先和不断进取的精神。1932 年，林

巧稚毕业 3 年后被协和医院派往英国曼彻斯特医学院和伦敦妇产科医院进修深造。1933 年林巧稚到奥地利首都维也纳进行医学考察。1939 年林巧稚前往美国芝加哥大学医学院妇产科进修。

从此，无论晨昏朝夕，无论酷暑严寒，她的心思，她的精神，她的青春，她的岁月，无不为之奉献！"我一刻钟也闲不下来，闲下来我的生命就会完结。只要我还活

林巧稚博士学位照

着，我存在的场所便是病房，我存在的价值便是医治病人。"林巧稚如是说，亦如是做！非一日，乃一生！

一生从医，5万个新生命在林巧稚的手中诞生。非为人母，却是千万孩子的母亲。念林、爱林、敬林、仰林，孩子们平常的名字，表达的是对林巧稚不平常的纪念和爱戴。生命的最后时刻，林巧稚依然在梦中呼喊着"产钳！产钳！"护士送一产钳在她手中，又低语："大人孩子都平安，您放心睡吧！"林巧稚方安然长眠。

林巧稚未婚，不是一时，而是终生。当然为人好奇与不解。当时协和有严格的规定：女医生在任聘期间不能结婚，若结婚、怀孕、生育则自动解聘。如此对立的二选一，巧稚的为难，恐怕可想而知。但既已踏上征程，从此别无选择。或伤了倾慕者的心，或良人未遇。巧稚的孤独与坚守，终使她走向生命的辉煌。

4.爱无止息

林巧稚的父亲林良英是一个虔诚的基督徒，母亲则一心向佛。基督教倡导的博爱精神，佛教弘扬的慈悲情怀，浇灌着林巧稚善良的天性。而卡林校长和梅瑞老师的言传身教，则使林巧稚最终成为一个富有献身精神的基督徒。林巧稚既然可以在分秒必争你争我夺的考场上放下考卷去帮助一个竞争者，那么她以后为人感戴受人崇敬和种种善行就不足为奇了。

孔子育人讲究"有教无类"。林巧稚看病则奉行"有医无类"。无论贫富贵贱，巧稚一视同仁，总是随叫随到。而对于贫苦百姓，林巧稚更是体贴有加。太平洋战争爆发后，协和医院被迫停办。巧稚便和侄女婿周华庚在北平东堂子胡面10号办了一个"林巧稚诊疗所"。当时北平别的妇产科门诊挂号费最少也得5角，多的是几块钱，这对于贫苦的病人来说根本负担不起。巧

工作中的林巧稚

稚实在于心不忍，把普通门诊挂号费降为 3 角。此举得罪了同行，却有利于贫苦百姓。

康克清曾经很长一段时间是林巧稚的病人。可直到后来林巧稚才知道这位病人的名字是康克清。不是康克清的病历用了假名，而是林巧稚看病不看人。旧时权贵，新时高干，在林巧稚眼里都与贫苦百姓普通大众没有什么不同。

林巧稚有一个特殊的出诊包，是专门为穷人准备的。一个秋天的夜晚，阴云密布，雷电交加。劳累一天的林巧稚刚躺下还来不及喘上口气，就听到窗外铃声响起。林巧稚知道，又有产妇生命垂危了。她二话不说，跳上人力车，与前来求救的人消失在萧瑟秋雨的夜色中。林巧稚赶到产妇低矮狭小的住处，产妇已奄奄一息了。林巧稚仔细检查，发现产妇胎位不正，盆腔狭窄，宫缩无力，胎膜已破，羊水外溢。林巧稚沉着冷静，一边安慰产妇家属，一边手脚麻利抢救产妇。不一会儿，婴儿的哭声响彻这间陋室，产妇的婆婆和丈夫扑通一下跪在巧稚的面前，半天说不出一句话来。巧稚看着这个一贫如洗的家，悄悄地打开随身携带的出诊包，掏出几张钞票放在桌子上说："什么都没有人命要紧哪，钱不多，留下给她买点吃的，有事再来叫我，不要耽误了。"

诸如此类的事，对于林巧稚来说是家常便饭。林巧稚的名字，被人们口口相传："林大夫是天底下打着灯笼也找不到的好心人啊！"

林巧稚有两张不同的存折。一张是用来存工资的，一张是一些工资外的收入，如人大、政协的会议补助，中科院学部委员的车马费等。两笔不同来源的钱，用途自然也有所不同。林巧稚认为工资收入是她劳动所得，节余部分她用来资助亲友。而诸如车马补助费这样的额外收入，林巧稚则另有所用。仅1965年，林巧稚就给医院捐过两笔钱，一笔是她在美国学习期间节省下来的生活费，折合人民币约9700元；另一笔是她任中科院学部委员后积存下来的车马费，共7000元。这在当时算得上巨款了。林巧稚希望这两笔钱用于改善医院幼儿园的条件。

这些所谓的善事，只不过是林巧稚寻常的行为和日常的生活，林巧稚并不觉得有什么值得一提的。就像那个大雪纷飞的晚上，外籍医生惧于严寒不肯连夜出诊为一个垂危的年轻产妇做手术。人命关天，刻不容缓，还是住院医师的林巧稚顾不了那么多了，硬着头皮拿起手术刀。手术成功，产妇转危为安。而林巧稚这样做却冒了极大的风险，因为作为住院医师，这时候林巧稚还没有独立手术的资格，万一手术失败，林巧稚轻者受处分，重则有被协和开除的可能。

又一次，一位外籍大夫为一位高危难产产妇做手术。手术进行到一半，外籍大夫耸耸肩，表示无能为力。这无疑宣布了产妇的死刑。林巧稚实在不甘心产妇就这样死去。作为手术助理，林巧稚毫不犹豫地接过洋大夫手中的产钳，沉着细致地操作起来，终于使产妇转危为安，捡回两条命。不是林巧稚"胆大妄为"，不是林巧稚想出风头，而是，爱与责任，与生俱来，不可推卸。

5. 情动林心铿

爱与责任，不可推卸。林巧稚不仅自己终生身体力行，奉行不悖，对晚辈和学生，她更是言传身教，以身作则。林巧稚的侄女林心铿成为一名杰出的妇产科专家的历程，就是生动的说明。

可以说，没有林巧稚就没有妇产科专家林心铿。1947年林心铿毕业于福建协和大学农业教育系。毕业后，林心铿直奔南京，不是去工作，而是去与未婚夫陈靖喜结良缘。陈靖是福建平和人，当时供职于国民政府教育部。他与林心铿儿时相识，相爱甚深。如今喜结连理，正在伉俪情深。但是，不幸的事情发生了。结婚第三天，新婚夫妇携手上街，一辆车急驶而来，陈靖一手推开林心铿，自己则丧身车轮。

老年林巧稚

痛苦悲伤迷茫，林心铿一度失去方向。香港，去香港吧！那儿可有安慰？林心铿在香港待了一段时间，靠给人家当家教聊以为生，心中苦闷彷徨。"欢迎你来北京"，三姑林巧稚热诚的邀请，让本来准备远去美国的林心铿就此北上。在林巧稚的鼓励和支持下，林心铿决心从头开始，改行学医学。1950年，已近而立之年的林心铿考上大连医学院，专攻妇产科专业。这是林巧稚对林心铿人生的第一次重大影响。多年以后，80 年代初，林心铿听说南京陈靖的墓地将被征用。她急忙赶到南京为陈靖迁墓。故人多年，深情难忘，林心铿回去心灰意冷，厌倦怠惰。林巧稚知道后，把林心铿叫过去一顿狠训："你还年轻，就这样萎靡不振，像什么样子！"林心铿被三姑这么一骂，如梦初醒，重新点燃生命的热情，为患不孕症的人带来生命之光。

1956 年夏，林心铿从大连医学院毕业，到北京复兴医院工作，专攻不孕症治疗。"做一名妇产科大夫，不但要努力学好医学技术，更重要的是关心病人，要尽力维护母婴的安全和健康，切不可因为你自己的误诊造成产妇、病妇及其一家的悲剧。"林巧稚的谆谆教诲让林心铿不敢有丝毫的懈怠。

与当时主流认识不同，林心铿对不孕症治疗有自己的理解，但当时北京医学界几乎没有人支持她。林心铿就是不信这个邪。她采用中西医结合的办法，先把复兴医院患不孕症的护士都治好了，又把所在小区街道得不孕症的妇女都治好了。林心铿治病不要钱，只要治愈的孕妇给她寄张新生儿的照片。16000 多张婴儿的照片雄辩地证明了林心铿治疗不孕症的效果，被人称作"送子观音"。

林心铿采用中西医结合的方法，对不孕症长达二十年的研究，成为不孕症当之无愧的权威。她写了一篇题为"中西医结合治疗不孕症"的论文，得意地拿给三姑林巧稚看，满以为林巧稚会表扬她一番。没想到林巧稚不但没表扬她，而且还严厉地问道："怎么没有输卵管不通的病例？"心铿回答说："有。剩下那13 例，全都是输卵管不通的人。我对她们没有信心，都给她们判了'死刑'。""输卵管不通，你就给人家判'死刑'，你算是什么医生？"林巧稚对林心铿的这种一遇困难就放弃的态度非常不满。她给林心铿分析了输卵管不通的几种类型。其中的一种，她认为可以从抗结核入手进行治疗。后来林心铿采用抗结核的方法，果然治愈了几例不孕症患者。林心铿扩大了这一成果，把自己原来的方法和抗结核方法结合起来，对 210 例不孕症患者进行了治疗。结果治愈了 150 例，占 210 人的 71%。林心铿在此基础上，又写了一篇论文，对治疗不孕症做了系统的总结。

在林巧稚的影响鞭策下，林心铿成为国内首屈一指的妇产科专家。她的名气飘洋过海广为传播，香港、日本、美国、新加坡纷纷派人向她学习不孕症治疗技术，台湾甚至有尼姑要跟她学习。林心铿秉承三姑林巧稚的教诲，只管治病救人，不问有无回报。林心铿将不孕症治疗医方无私贡献，有人需要就免费赠送，还在广播电台公开播出。后来林心铿到美国探望女儿，不幸因心脏病住院，手术费高达 18 万美元。当知道这就是为千万人带来生命的中国著名不孕症专家林心铿，院方全免了林心铿的手术费用。但手术并没有挽救林心铿的生命，她说她累了，要休息了。她最大的愿望是希望能够和三姑林巧稚葬在一起，旁边刻一小碑："三姑，阿心来陪您了！"

……

6. 我本无意

漫长与寂寞的路，虽然铺满了鲜花与掌声，但却非巧稚所热衷与追寻。

林巧稚一生成就辉煌。5 万个亲手接生的婴儿已足使任何一个妇产科医生骄傲。而林巧稚晚年倾尽心血主编的《妇科肿瘤学》，51 万字，参阅相关文献 900 多部，分析协和妇产科 30 多年 3900 余人妇科病例，制图 200 余幅，是对妇科肿瘤规律认识的全面总结的医学巨著。 林巧稚撰写的妇幼卫生科普读物《卫生顾问》等书，对如何降低我国的婴儿死亡率，如何防治宫颈癌等妇女高发病有重要的意义。另外林巧稚还著有《乙酰胆碱在正常分娩机制中的作用》、《24 例良性葡萄胎及恶性葡萄胎转移的研究》等著作、论文；主编《农村妇幼卫生常识问答》、《家庭育儿百科大全》等。

林巧稚还有一项不太为人注意的"成就"，就是她对中国人口问题的真知灼见。作为一位妇产科专家，她敏锐地看到了中国人口增长的隐患。她和好友杨崇瑞多次谈到人口问题，认为人口不加控制地增长以及因此导致的人口质量的下降，无疑是一场灾难。他们与北大校长马寅初在刘少奇主持的计划生育问题座谈会上直言坦陈自己的观点。虽然以他们的微弱之力，无法阻止中国人口的继续快速增长，但历史证明他们的观点是超前的、正确的。

对于任何一个没有离开大陆的中国人来说，接到毛泽东邀请参加开国大典的请柬，是一件无比荣耀的事情。可林巧稚却觉得她产房里的生命比这更重要。

"文革"期间，周恩来总是刻意邀请林巧稚参加会议，再故意提一些问题向巧稚征求意见，然后说："林巧稚也说可以，那就可以了！"周恩来借此表示国务院尊重知识分子，提醒与会"左派"不要乱来，以此保护在"文革"期间"靠边站"的林巧稚。

林巧稚一生所获荣誉无数，所任职务广泛，所在地位崇高。她一生创造了许多"第一"：协和医科大学第一位获得"文海奖"的女学生、协和医院第一位留校的中国女医生、北京第一所妇产医院的院长；中国科学院第一位女学部委员；她还是第一届至第五届全国人大代表，第三、四、五届全国人大常委，全国政协委员，全国妇联副主席，北京市政协副主席，中华医学会副会长，中华妇产科学会主任委员，中国医学科学院副院长，等等。但所有的光环都非我所求，所有的头衔我本无意，"我只是一个普通的医生！"林巧稚始终这样来定位自己的生命。

1965 年，周恩来总理出席林巧稚（左一）主持的中华全国第一届
妇产科学术会议并作重要讲话

　　无意于政治，却身不由自己；淡漠于荣誉，却不期而至。

　　无论是荣耀还是劫难，无论是辉煌还是平淡，唯有故乡，是
最后的归宿！

7. 归葬毓园

　　家乡鼓浪屿，东南之角，漳州路与复兴路之交，一块高地
由西及东，邓颖超亲手植松柏青绿，一双托起婴儿的手，一尊汉
白玉雕像，便是巧稚长眠的地方，名之曰"毓园"，是为了纪念，
或者怀念，一个叫林巧稚的妇产科大夫。

　　1983 年 4 月 22 日，林巧稚病逝于北京。留下遗嘱：

　　平生积蓄捐幼儿园、托儿所；

　　遗体献给医院作医学研究用；

骨灰撒在故乡鼓浪屿周围海面上。

"我是鼓浪屿的女儿，我常常在梦里回到故乡的大海边，那海面真辽阔，那海水真蓝，真美……"

参考资料：

1．董炳琨、杜慧群、张新庆：《老协和》(河北大学出版社 2004.1)

2．赖妙宽：《天堂没有路标》(2006.2)

3．《林巧稚》(《福建现代科学家》)

4．刘正英：《爱与生命的使者林巧稚大夫》(《鼓浪屿文史资料》第1辑)

5．《厦门市志·卷五十——人物》(上)

6．刘绍唐：《林巧稚》(《民国人物小传》第6册，刘绍唐主编)

7．《春蚕到死丝方尽——人民医学家林巧稚光辉的一生》(《厦门日报》2001.12.23)

8．《我是鼓浪屿的女儿》(《厦门晚报》2001.12.21)

9．余丽卿、郭旭：《古老而年轻的日光幼儿园》(《鼓浪屿文史资料》第3辑)

10．《卓越的人民医学家——林巧稚大夫》(画册，1984年)

11．《人民医学家林巧稚》(画册，2001年)

12．黄猷先生访谈

13．林巧稚侄子林嘉禾访谈

满月清辉

——妇产专家何碧辉

何碧辉是与林巧稚携手同时从鼓浪屿走出去的、同样出身于北京协和医学院的又一位妇产科专家。在中国妇产界与林巧稚并称为"北林南何"。

1. 生平鳞爪

何碧辉原名何白辉，1903 年农历十二月三十日生于福建漳浦官浔。作为家里最小的女孩，何碧辉有 5 个姐姐和一个哥哥。4 岁时，何碧辉随其大姐来到鼓浪屿，因而有机会获得良好的学校教育。从幼稚园到完全中学，鼓浪屿应有尽有，而且质量优良。而厦门女子师范学校（即后来的慈勤女校）、怀仁女校、毓德女校等女子学校，为许多有志气求上进的女孩子读书求学创造了条件。林巧稚、何碧辉、周淑安、林瑜铿等等，都是女学堂的受益者与佼佼者。

随姐姐来到鼓浪屿的何碧辉，住在大姐的一个朋友家。大姐的朋友正好是怀德幼稚园老师，何碧辉近水楼台上了怀德幼稚园。以后又顺理成章地上了怀仁女学。怀仁女学毕业后，何碧辉

鼓浪屿早期女校学生 （白桦提供）

留校代了一段时间的课，又先后到福州文山女子中学和福州陶淑女子学院读书。

无从猜想，何碧辉当时何以选择医学为终生事业？"这姑娘天赋很好，让她去读医学吧！"据说当时教会学校的"姑娘"这样向何碧辉的大姐建议。在众多姊妹中，何碧辉最爱读书，书也读得最好。能通过协和医学院严格的考试，成为协和医学院的一名女学生，就足证明这一点。紧接着长她一两岁的好友林巧稚，何碧辉也进了北平协和医学院。

1933 年，30 岁的医学女博士何碧辉毕业于北平协和医学院，受聘于南京中央医院妇产科，不久就从医师升任住院总医师。1944 年，何碧辉积 10 年临床经验，远渡重洋，负笈美国著名的约翰·霍布金斯大学医学院和密执安大学医学院深造。归来时，何碧辉出任南京中央医院妇产科主任。1951 年，中央医院

青年何碧辉肖像（何会珠提供）

改制"中国人民解放军华东军区医院"，何碧辉出任妇产科主任。1962年，何碧辉升任南京军区南京总医院副院长，一级教授。

2. 丹心妙手

　　一个医生，为人称道的不仅应该是炉火纯青的医术，更重要的是悲天悯人的情怀。何碧辉在当时与林巧稚共同撑起中国妇产科的一片天空。可是我们今天记起的，却是一张感激的面孔，一个少女的笑脸。

　　1945年，江苏宿迁15岁乡下女孩孙学胜，突然腹痛如绞，月经停滞。走方郎中在女孩肚子上开了个大口子，结果女孩腹痛加剧，流血流脓不止。女孩父母焦急万分，连夜扒火车赶到南京，找到正坐诊妇产科门诊的何碧辉。何碧辉给女孩仔细检查过后，告诉女孩父母要住院手术。可是贫苦农家，那付得起高昂的医疗费呢？何碧辉当机立断，出面担保，让女孩住院治疗，并亲自为女孩做了手术。当一个发齿俱现的畸胎瘤被切除后，女孩恢复了健康。可是女孩的父母实在没钱支付住院费和手术费，何碧辉略一沉吟，说："你就留在这里工作吧，钱慢慢还医院吧！"从此这个幸运的女孩就留在医院做卫生员，何碧辉给她取名孙学胜。多年以后，每忆及此，孙学胜那张已皱纹纵深的脸总充满感激。

　　在皖南山区，还发生了一件这样的事。1969年何碧辉率医疗队到皖南山区巡诊。一位挺着大肚子的少女哭着求何奶奶救她一命。原来少女的肚子突然涨大，乡里引以为笑谈。少女无从辩白，终日啼哭，以泪洗面。深厚的医学功底和丰富的临床经验告诉何碧辉，少女并非怀孕。她当即断定少女是患了畸胎瘤。何碧辉立即对少女施以手术，果真手到病除，解除了少女的病痛，还少女以清白。少女的脸乐开了花。

这只是何碧辉医疗生涯中两个小插曲，让何碧辉终生奔忙的是经她的手诞生的千千万万的新生命。何碧辉的门生们说，最多的时候，何碧辉一天接生了 25 个婴儿。这些婴儿今天最年轻的也该三四十岁了吧？

用妙手丹心、德艺双馨来概括何碧辉的从医生涯似乎难以全面。她终生忙碌于产房与病房，还担任《妇产科学》主编，与人合编了《病理产科学》。论文《软产道性难产》具有很高的学术价值。晚年的何碧辉致力于后继的培养。她治学严谨，不遗余力，要求每一个跟她学医的医生一律先从住院医生做起，规定进产房工作的医生必须接满 500 个婴儿才能出师。陈解民、苏延华、顾季芬、陆康民，这些妇产界的教授专家都是何碧辉当年的得意门生。

3. 孑然自珍

与林巧稚一样，何碧辉也终生未婚。我们不必也无从猜测个中缘由。何碧辉身材不高，面容清秀，目光清澈。这个出生寒门，从鼓浪屿教会学校走出来的妇产科专家，真诚善良，低调内敛，简朴自重，是典型的老鼓浪屿人性格。

保姆刘妈自 1953 年跟着何碧辉，一直到 1978 年刘妈 70 多岁，前后 25 年，两人早已情同姐妹。刘妈生病，何碧辉用轮椅推着她去急诊室看病。刘妈觉得自己太老了，怕拖累何碧辉，硬要回安徽天长县老家。何碧辉心中一直记挂着刘妈，每月按时寄30 元给刘妈养老，直到刘妈去世。现居鼓浪屿的何碧辉的侄女何妙安还记得，当时姑妈何碧辉叫她去看刘妈的情形。

刘妈走后，何碧辉就再也没请保姆。一日三餐都在南京军区医院的食堂解决。从何碧辉住的南院和南京军区医院所在的北院之间一定要穿过车辆行人川流不息的中山东路。何碧辉不顾自己已年老体弱，坚持自己打菜打饭，从不让别人代劳。南京冬天大雪，学生们担心老师步履蹒跚，

晚年何碧辉　（何会珠提供）

要搀扶着何碧辉过马路，何碧辉手一挥，说："用不着，难看！"不是何碧辉不近人情，而是自小养成的自珍自重的性格，不肯稍微麻烦别人。

何碧辉一生简朴。居斗室一尘不染，食三餐不过家常便饭，除了钟爱的白大褂，1965 年以前平时着一袭旧时旗袍，以后则是一身军装从不离身。以何碧辉的成就与级别，她可以享受很高的待遇。而一套旧房她一住几十年。室内陈设简单，除一台 14 寸彩电，一台单门冰箱，一台公家配的电取暖器外，就是一张陈旧的棕色硬板床，一对曲臂木扶手简易沙发，一张高靠背木椅，一架藤制书架，都是上世纪四五十年代的"古董"了。

4. 逝于金陵

何碧辉离休后，很想回到鼓浪屿安度晚年。但因为没有住房，何碧辉只能偶尔回鼓浪屿探亲，住在并不宽裕的侄女家。南京军区医院也为此作了极大的努力，在厦门为何碧辉安排了一套住房。遗憾的是，此时何碧辉年事已高，生活颇为不便，何碧辉还是未能落叶归根。1994 年 5 月 6 日，何碧辉逝于南京。何碧辉的亲戚晚辈将她的骨灰埋葬于厦门天马山公墓。

著名妇产科专家、医学博士、一级教授、全国一至五届人大代表、中国人民解放军医学科学学术委员会荣誉委员、全军妇产科专业组组长、全国"三八"红旗手、南京军区南京总医院副院长……种种头衔与荣誉，何碧辉当受之无愧！

现已古稀之年的厦门知名建筑师白嘉欣先生，早年住在鼓浪屿笔山路 33 号，与笔山路 10 号何碧辉亲戚家斜对门。何碧辉有时探亲回来就住在这里。"她个子不高，人很清秀漂亮。我那时（1956—1960）在南京读大学，星期天有空就到她家玩，吃一顿中午饭再回学校。她亲手做饭给我们吃，感觉她人很亲切。"白嘉欣先生讲起何碧辉，一如说起一位心地善良的邻家阿姨，亲切而温暖。

参考资料：

1. 陈进东：《我国当代妇产科泰斗——何碧辉教授》(《鼓浪屿文史资料》第 2 辑)

2. 陈晏：《永远的妈妈》(《厦门日报》1995.1.17)

(本篇承何碧辉侄女何妙安女士、白嘉欣先生接受访谈，在此诚致谢意！)

"木扉" 主人

——考古学家郑德坤

　　鼓浪屿笔山路，与林文庆别墅一墙之隔的另一幢别墅，笔山路 7 号，总是大门紧闭，庭院深锁。白色、抹灰、无廊，规则的长方形，在以红砖丹瓦、高拱宽廊为主调的鼓浪屿别墅中显得有点特别，不禁引人张望，引人猜想。

　　"以前这幢别墅也是红色调的，也有宽阔的廊道。"别墅的现居者，鼓浪屿"三一堂"歌颂团顾问郑毅训先生说。2009 年的最后一天，在鼓浪屿"三一堂"蒿牧师的引领下，我推开了这幢别墅轻掩的后门，

笔山路 7 号——郑德坤故居　（陈勇鹏摄）

踏上旧时的石阶，坐在郑毅训先生面前，是为了了解他的四叔，人类考古学家郑德坤教授，早年在鼓浪屿的雪泥鸿爪。

1. 源自英华

　　1907 年 5 月 6 日，郑德坤教授生于鼓浪屿。父亲郑柏年（1869—1958）是鼓浪屿早期最具声誉的英华书院（即后来的英华中学）的舍监、第一位华人校长。郑柏年还是后来驰名的淘化大同公司的创立者之一。这样的家庭背景，为郑德坤兄弟姐妹的成长和教育作了很好的铺垫。

　　在郑柏年的四子二女中，郑德坤是最小的一个，也是最有出息的一个。哥哥们都受过优良的高等教育，分布于香港美国。而郑德坤在考古学方面的成就和造诣，更是兄弟们中的翘楚。郑德

郑柏年全家福（后排左四为郑德坤，左五为夫人黄文宗）
（郑毅训提供）

坤是国际著名的人类考古学家，也是我国第一代考古学家，英国剑桥大学皇家学院人类考古学教授。郑德坤教授一生著作等身，所获殊荣甚多，例如英国剑桥大学考古荣休教授、邬夫森学院（WolfsonCollege）荣休院士——"瑞典远东考古奖状"、"英国学会通讯会士"。1981年获"香港中文大学荣誉文学博士"，1985年被选为英国学会通讯会士，是获此殊荣的亚洲第一人。

郑柏年是福建晋江安海人，早年到新加坡谋生，利用业余时间学习英文，被丹戎巴葛礼拜堂聘为牧师。郑柏年颇具才干，英语又学得不错，英国人金禧甫邀请他共赴鼓浪屿创办英华书院。

英华书院是英国伦敦公会牧师山雅谷创办于1898年2月，当时也称"中西学堂"，只收男生。与同样是教会学校的寻源书院一样，英华书院也是以"诚智"为校训，其办学目的都是传播基督教信仰与现代科学。1900年，郑柏年随金禧甫协办英华书院，任舍监，实际上是书院的管理者。他积极为书院筹款，使英华书

英华中学1913年扩建"同"字壳楼校舍　（白桦提供）

院由起初的安海路荔枝宅一幢楼发展成为拥有大礼堂、宿舍楼、浴室、膳厅、小运动场等设施完备、环境优美的书院。1928年，英华书院更名为"英华中学校"，郑柏年任校长。这也是英华中学第一任华人校长。郑柏年前后在英华中学服务30年。他一心兴学，奔波筹款。英华中学有以后的规模和影响，郑柏年可谓劳苦功高。

英华书院虽称"中西学堂"，在初办时实际上是重英轻汉，模仿英国高初级学制（高等学堂及初级学院，即大学预科二年），从英国购买课本，教师大都为英国人，上课一律用英语，所以学生的英文程度很高。部分毕业生可以免试升入英国和香港的英办大学。学校规定上午上英文课，下午上汉文课，汉文采用四书、古文、唐诗、尺牍等为课本，延用"二、四"两级中学制。1928年后，英华中学采用统一教材，实施"三·三"两级中学制，英汉并重。英华中学成为福建省乃至东南亚一带颇有影响的中学。值得一提的是，英华书院对于体育概念的引进和实践，使英华书院别开生面，生气勃勃。特别是足球的兴起与发扬光大，更成为英华书院的一大特色，"英华学生足球队"成为当时一支闻名遐迩的绿茵劲旅，多次作为福建省队参加全国体育运动会。因此从英华书院走出的学生，大多有两个显著的特点，一是英文很棒，一是热爱体育。英华书院历经演变，历久不衰，从这里走出许多世界级专家学者，郑德坤就是其中的一位。

与大多数的鼓浪屿孩子一样，郑德坤热爱游泳（鼓浪屿四面环海），还喜爱踢足球，是当时"英华学生足球队"的主力。燕京大学时，郑德坤作为华北足球队的中坚，与拥有中国球王李惠堂的华东足球队进行过比赛。郑德坤还是花式溜冰、猴拳、跳绳的健儿。在燕大的溜冰场上，郑德坤的花式溜冰，可谓开先河者，与当时的Sonia Henie"两雄并立"。郑德坤后来一直工作到八十来岁，两次"退而不休"，这与他早年在英华书院养成的热爱运动的习惯密不可分。

2. 求学燕京

　　鼓浪屿是弹丸之地，却是人才的摇篮，莘莘学子由此走出，走向广阔天地，走向世界舞台。北平，是郑德坤最早足迹所至的地方。1926 年，郑德坤在英华中学当了一年老师之后，赴北平读燕京大学。郑德坤最初的专业跟考古学毫不相干，他的夫人黄文宗说他开始学的是医学预科，另一篇关于他的文章说他学的是地质学。有一种说法是郑德坤小说写得好。他的同乡，著名作家许地山先生读了他的小说，觉得郑德坤在文学方面真是个可造之才，于是劝说郑德坤改读中文系。其时，燕大中文系名师云集，人材济济，拥有许地山、顾颉刚、郭绍虞、郑振铎、朱自清、容庚、黎锦熙等这样赫赫有名的专家学者，具有很浓厚的学术研究氛围。郑德坤熏陶于其间，学养自然深厚。

　　1930 年，郑德坤毕业于燕大中文系，一年后在燕大研究生院获得硕士学位，并留院当研究生，从事研究校读《山海经》及《水经注》，并研习古物鉴赏。他伏案两寒暑，写成长达 130 万言的《山海经研究》，可惜后来手稿交上海神州国光社出版时毁于日本炮火。好在手边尚留《〈山海经〉及其神话》和《〈山海经〉及骈衍》二文。前者刊登于《史学年报》，后者载于《燕京学报》，得以保存。

　　1932 年，郑德坤和沈维钧合著《中国明器》，被选为《燕京学报专刊》第一册，20 世纪 50 年代被东京早稻田大学选用为中国考古学课本。此间，郑德坤跟随容庚、顾颉刚教授等到河北、河南、山东等地去做访古工作，奠定了他以后从事考古研究文物工作的基础。郑德坤从此与考古工作结下不解之缘，成为中国第一代人类考古学专家，并赢得世界声誉。

1933年，日本人迫近平津，郑德坤回到久别的家乡鼓浪屿。郑家的一墙之隔是当时厦大校长、医学博士林文庆的别墅。林文庆早年在新加坡与郑柏年相熟，都热心于社会改良。两家比邻而居看来绝非偶然。郑德坤在厦门大学当老师，想来与紧邻林文庆校长不无关系。在厦大，郑德坤讲授中国文化史及中国通史，并创办中国文化陈列所。他一边教书，一边做着福建的考古

郑德坤燕京大学毕业照
（王明理提供）

工作，写了《厦大校址考》，并主编厦大学报。

已故著名考古学家、厦大教授庄为玑是郑德坤的学生。据他回忆，他1930年开始就读于厦大历史系，受郑德坤影响甚深，视他为自己"早年的学术引路人"。庄为玑是这样谈及郑德坤的："他秉承他的导师顾颉刚先生的遗教，视方志和族谱为史学尚待开发的两大金矿，并以此引导我从事方志研究。1935年至1936年他推荐我的两篇论文《方志改革刍议》和《泉州方志考》在《厦门大学学报》上发表，奠定了我从事方志研究的基础，使我终生致力于泉州学的研究。尤其是1936年郑教授担任母校文化陈列所所长时，和林惠祥教授一起带我发掘泉州体育场唐墓，使我学会运用考古学方法印证订补文献中的记载与阙讹，为我后来的史学研究开辟了新的途径。"如今，厦大图书馆所藏郑德坤1980年在香港出版的《中国历史地理论文集》，正是郑德坤本人赠与庄为玑的，庄又赠送给母校。郑德坤在厦大续写育人新篇，算是秉承乃父郑柏年教书育人之衣钵。

3. "乡土" 华西

哈佛燕京社的一纸聘书，使郑德坤在厦门大学工作 3 年后，于 1936 年前往成都华西协和大学任教。除了教学，郑德坤更多的时间和精力用来做华西协和大学博物馆的考古工作。巴山蜀水，名胜古迹，郑德坤深入其中，孜孜不倦，乐此不疲。1938年，郑德坤被哈佛燕京社派往美国哈佛大学专攻考古学和博物馆学管理。又一个 3 年后，郑德坤学成归国，出任华西协和大学博物馆馆长。

当时，中国的考古学正是开创之初，考古教学更是照搬整套国外考古理论，完全按国外教材上课，不仅枯燥，又脱离中国本土实际。郑德坤有感于此，思量怎么改进考古教学方法，使考古教学生动而有趣。郑德坤对华西协和大学博物馆 2 万多件西南出土文物进行整理，并分门别类，各成系统，这些被整理好的出土文物被郑德坤搬上课堂，每一节课都向学生展示不同的实物，供学生们研究和实验。如此，博物馆的出土文物变成课堂上生动的案例，考古学和人类学不再是洋学和空谈了。有人把这些出土文物叫作"乡土教材"。

郑德坤在华西协和大学任博物馆馆长时期，对博物馆极为看重。他说："华大博物馆地处古蜀国首都，居川省之中心，在考古学上为未开发之原野，千百原始文化遗址，尚无人问津，其能成为人类学研究中心，当可无疑。"1947 年他提出要使华大博物馆成为"中国标准博物馆之一……成为一近代化教育圣地，华西研究之中心，甚至国际学术研究之大本营。"他把博物馆建成了一个教育中心和收藏中心，用图片的形式举办展览，吸引了社会各界人士以至当时援华助战美军等络绎不绝前来参观，成为抗战时期大后方一道特别的风景。博物馆也因之名声大盛，被誉为成都当时的"重要名胜地之一"。他还先后主持了四次对四川的考古发掘，在汇报中他说："我们已经参与 4 个地方的发掘工作，一个汉墓、一个唐墓、王建的皇陵和老孔庙的院子。"郑德坤还进行了若干次的外出考察，收集了大量的文物标本，他对成都西北部一些制陶场进行了相当程度的研究工作，完成了博物馆馆藏目录工作。

因有此重大贡献，郑德坤被日本水野清一教授称为"四川考古学之父"。

4. 执教剑桥

1944 年，英国文化协会的代表、希腊文学专家、牛津大学笃实教授访问华西协和大学博物馆。就像哥伦布发现新大陆一样，笃实教授惊异于郑德坤教授用"乡土教材"来讲授考古学和人类学。笃实教授决定邀请郑德坤到英国去讲学。

1947 年，郑德坤教授应笃实教授之邀，利用休假时间去英国进行短期访问讲学。在英国文化协会的安排下，郑德坤教授在剑桥、牛津和伦敦三所大学轮流讲学。这是他第一次去英国讲学。

1948 年，郑德坤教授准备回华西协和大学，因国内时局动荡而滞留香港。之后 3 年，郑德坤教授在其家族公司淘化大同公司当顾问。1950 年，剑桥大学的夏伦教授来香港，意外地发现郑德坤教授居然还留在香港。多么可怕的人才学浪费呀！夏伦教授一回到英国，就立即设法利用学术基金，聘请郑德坤教授到剑桥大学任教。这一次，郑德坤教授在剑桥一待就是 23 年，直到 1974 年退休回到香港。

1951 年，郑德坤与夫人黄文宗，携一家五口经法国到达英国。先住"南亩"(Southacre)，后迁到他们自己买的在 166 ChestertonyRoad 的一间高楼。

作为剑桥皇家学院的考古学教授，郑德坤在剑桥执教达 23 年，教天下英才，得桃李满门。他的许多学生成为当代西方学术机构与博物馆东亚考古研究的执牛耳者。郑德坤教授还利用年休假，到美国普林斯顿、马来亚大学等地讲学。1966 年，郑德坤考查沙捞越，发掘 Santobong 等六处遗址，著《从考古学观华人开发沙捞越的历史》，为东南亚考古工作贡献很大。

在剑桥大学的生活充实而闲适。剑桥大学美丽的校园，浓厚的学术氛围，自由的空气，使郑德坤有从容的心情和优越的条件建立了世界著名的"木扉图书馆"。

5. "木扉图书馆"

"木扉图书馆"是郑德坤在剑桥大学 20 多年最大的成就。旧时的学者文人，大都有自己的书斋。郑德坤教授把他的书斋命名为"木扉堂"。所谓"木扉"者，如郑德坤夫人黄文宗所说，乃所居别墅前的一道木门。

这个"木扉堂"绝不是一个普通的书斋，因为这个书斋而建立起来的"木扉图书馆"，是中国美术考古的宝库，在国际考古学界拥有重要的地位，许多研究中国考古的学者，都曾到此参观访问，查寻资料。

郑德坤教授认为，中国文化非常古老，地下材料很多，如果不好好搜集资料就奢谈研究，甚至迫不及待地随便发表议论，那是很危险的。他认为中国考古学最重的是搜集、整理资料和建立基础。当初郑德坤教授到剑桥时，原是两手空空，极度缺少乡土教材来教授中国考古与美术。郑德坤教授于是下定决心自己动手搜集中国古器物。此外，他还费尽心血搜集一切与中国考古文物有关的书籍和幻灯片。经过 20 多年的努力，郑德坤教授终于建成了著名的"木扉图书馆"。

　　"木扉图书馆"珍藏图书 5000 余种，10 万册，珍藏郑德坤自己的大部分著作。郑德坤教授一生著作等身，中英文论著有 150 册，学术论文数百篇。主要著作有《中国考古学》、《中华民族史论》、《中国文化史》、《中国旧古器时代的民族与文化》、《中国文化人类学》等。

　　郑德坤教授还专门整理编印了《木扉图书目录初稿》，此书目大 16 开本，厚达 474 页。按照中西方藏书家的习惯，郑德坤为自己的藏书特制了印章和藏书票。印章上书"闽海侨居藏书"，表明郑德坤的客居身份。藏书票图案中央是一枚篆书藏书印章"闽海郑氏藏书"，四周分别饰以青龙、白虎、朱雀、玄武，郑德坤大概是要让中国古代传说中的四大神兽来守护自己的藏书，不使其失散吧。

　　郑德坤教授集 20 多年教学经验，编成《中国考古和艺术导论课程纲要》，这本课程纲要不仅为研究中国考古和美术等科目提供了一个完整的纲目，更重要的是，从中可以了解中华民族文化的特质。郑德坤教授另一部极为重要的著作是《中国考古学》。郑德坤教授本来打算从史前一直写到明清，但因为种种原因，只出版了史前、商、周和史前补篇共四册。这几本研究中国考古、历史、文化的重要书籍都是用英文写的，可惜没有中译本，倒是日本人全部翻译成日文出版，定名《中国考古学大系》。郑德坤教授在英国期间，曾多次到世界各地从事考古工作，著作颇丰。他的《中华民族文化史论》，用人类考古学观点来讨论中国文化史的演进，内容新颖丰富，欧洲和日本的许多大学都以之为中国史课本。

6. "退休"香港

　　按剑桥大学的规定，1974年，67岁的郑德坤教授从剑桥大学退休。当时香港中文大学李卓敏校长得知此事，立即盛邀郑德坤教授到香港中文大学访问讲学。郑德坤因此"退而不休"。李卓敏校长希望借重郑德坤教授的力量，发扬中国传统文化，而郑德坤教授也希望在香港中文大学编著中国考古学大系第四卷《汉代中国》，二者一拍即合。1974年至1979年近6年间，郑德坤教授在香港中文大学先任教于艺术系，后兼任文学院院长，最后出任副校长。1979年，郑德坤教授第二次退休。但实际上，郑德坤仍坚守在他的岗位上，担任中大中国文化研究所荣誉所长和中国考古艺术研究中心的荣誉主任，依旧是"退而不休"。

　　因为学校机构改革，行政事务繁忙，郑德坤教授未能如愿以偿完成他的鸿篇巨作，但他却是香港地区考古学奠基者，为香港考古学的发展奠定了基础。在香港众多的高等学府中，香港中文大学是唯一有考古学学科的大学。

郑德坤（左三）与香港中文大学校长李卓敏等合影　（王明理提供）

7. 家之和睦

郑德坤教授在香港之所以能够"退而不休",不仅是因为他在考古学方面卓有声誉,他强壮健康的身体也功不可没。早年在故乡鼓浪屿养成的游泳和踢球的爱好,使郑德坤教授终生受益,七八十岁还神采奕奕,谈笑风生,毫无龙钟老态。郑德坤75岁时,还身兼香港市政局的古籍保管委员会委员、香港博物馆和香港艺术馆的总顾问,常常出席各种会议,还能挤时间写作。

其实,让郑德坤"退而不休"的坚强后盾和重要保障,是幸福和谐的家庭生活。他与夫人黄文宗青梅竹马,又是燕大同学。当年黄文宗在燕京大攻读心理学,成绩优异,风姿卓约。本来,郑德坤是想为哥哥成坤做"红娘",不想

郑德坤全家福(右一郑德坤,左一黄文宗)(王明理提供)

自己却倾心佳人，情不自禁，坠入爱河。郑德坤骑一辆自行车，接送黄文宗到图书馆，被同学们笑称"情奴"。

1934 年，郑德坤与黄文宗喜结连理。郑黄两家都是鼓浪屿望族。黄文宗父亲是鼓浪屿名士、淘化公司的创办人黄廷元先生；弟弟黄笃修更是闻名港、新、马的儒商。两家结亲可谓门当户对、珠联璧合。

黄文宗在一篇文章里说，郑德坤平时沉默寡言，不喜欢闲聊，但一说起考古就滔滔不绝。而读他的短文，则幽默滑稽，令人捧腹绝倒。他又乐善好施，往往被他帮助的人感激得泪流满面，而他却一脸若无其事的笑容。

郑德坤的高足郑子瑜先生讲过一件很有趣的事。有一次郑子瑜请他鉴赏自己的收藏。郑德坤看中一只宋白瓷四耳瓶，就毫不客气地对郑子瑜说，香港中文大学缺少一件这样的收藏品，"应该"送给香港中文大学文物馆。郑子瑜闻言惴惴不安。本来恩师开口，应该满口答应，但又实在有些舍不得。他只好半开玩笑地说："让我烟酒烟酒（研究研究）。"郑德坤听了笑笑，不再勉强。郑子瑜以为过关。一年之后，郑子瑜得到郑德坤推荐到香港中文大学文化研究所任高级研究员。没想到，郑子瑜刚到香港中文大学坐下来，郑德坤就指着一位已经坐在郑子瑜左边的女教授说："这位就是我们文物馆的高美庆馆长，你'答应'捐送给文物馆的北宋白瓷四耳瓶，就交给她好了。"郑子瑜还来不及说"烟酒烟酒"，就听郑德坤板着面孔严肃地说了句英文："Settled already！"尽管郑德坤的英文和日文都相当厉害，但他平时不轻易开口。这次为了不让郑子瑜再"烟酒烟酒"，居然意外地用了英语。郑子瑜只好表态说下次一定把宝贝带过来。"他一边说，一边转过头去，表面上装得很严肃，暗地里却在偷笑，得意于自编自导自演的成功，但却又怕我看见，他在严肃中带着温馨的微笑，使我不觉得他的可怕，只有觉得他的可爱。"

　　黄文宗多才多艺，优雅贤淑，是典型的鼓浪屿女子。她酷爱金石考古之学，郑德坤得意地说这是"近墨者黑"的结果。郑德坤在英国的诸多学术论著，与夫人黄文宗的帮助是分不开的。黄文宗又写得一手好散文。她和郑德坤60多年的共同人生，都在她的散文集《流浪》中娓娓道来。

　　郑德坤夫妇有三个公子，忠训、正训和川训。大小公子都是留英博士，一位是边缘学专家，一位在威尔斯大学当教授。另一个公子在香港，是淘化大同公司的董事。郑德坤一家可谓儿孙满堂，其乐融融。这样的完满幸福的家庭怎么不让郑德坤教授心情愉快，专心致志呢？

　　2001年4月6日，94岁的郑德坤教授安然逝于香港。

参考资料：

1. 胡国藩（菲）：《英华中学编年大事记》(《鼓浪屿文史资料》第3辑)

2. 何丙仲：《厦门第二中学校史》(《鼓浪屿文史资料》第3辑)

3. 《郑柏年先生事略》(新加坡晋江公馆，1977.12)

4. 延陵：《"退而不休"的郑德坤教授》(香港《地平线》22期，1982.6)

5. 邓聪：《悼念吾师郑德坤教授》(《中国文物报》2001.5.30第5版)

6. 郑子瑜：(《追念郑德坤教授》(《文汇报》2001.6)

7. 黄文宗：《郑德坤古史论集选前言》(1998.8)

8. 《华西协和大学博物馆第二任馆长郑德坤》

(本篇承郑毅训先生接受访谈，在此诚致谢意！)

永不止息
——园艺学家李来荣

鼓浪屿内厝澳 190 号是一幢连体别墅中的一幢。白色，两层，小院，构成宽敞简朴的空间，在鼓浪屿上千幢风格各异的别墅中不醒目，不显眼，于小巷深处难以为人发现。很少人知道它是已故著名园艺学家、福建农学院院长李来荣博士的故居。

内厝澳 190 号——李来荣故居
（李秋沅提供）

1908 年农历十月二十七日，李来荣生于福建南安县石井溪东村。殷实的家境到李来荣出生时候已至破落。继四个姐姐之后出生的李来荣，是家里唯一男孩，其金贵可想而知。李来荣 5 岁时，村里鼠疫流行。李来荣的三姐、四姐相继染上鼠疫而亡。意志坚强的母亲毅然带着李来荣和两个姐姐到鼓浪屿谋生。不久，父亲也在家乡染病去逝。

李来荣的母亲郑金针是郑成功的后裔，一个虔诚的基督教徒。她善良勤劳，不畏困难，思想开明，勇往直前，将李来荣姐弟三人培养成自力更生、独立自主的人。闲时，她捧一本白话文圣经，安详地看护着儿女们长大成人：大姐师范毕业，二姐护士学校毕业，而最小的李来荣更是后来居上，成为中国乃至世界著名的园艺学家、福建农学院院长。

1. 早年求学

很快，母亲在鼓浪屿毓德女子学校找到了份工作，使得李来荣可以免费在教会办的幼稚园上学。土里土气的"乡下孩子"李来荣很快就被幼稚园的游戏和歌声吸引住了。他们用闽南话唱歌，歌词是老师编的，曲子却是欧美古典名曲，在老师的钢琴伴奏下，小朋友们一起唱："早上起来铺床铺，洗脸洗手穿衫裤……"还有一首用"铃儿响叮当"的曲子谱的歌，歌词是"若要去厦门，抑是去更远，定着着用打船仔，若无不会到"。歌声与游戏，收住了"乡下孩子"李来荣的心。渐渐地，他习惯了学校纪律的约束，为上小学打下良好的基础。

养元小学是美国归正教会创办的一家教会小学（即后来的鹿礁小学）。李来荣凭借数一数二的成绩和课余收拾打扫教室，依然可以免费上学。每天早上，孩子们在老师的带领下到礼拜堂做礼拜。庄严肃穆的教堂，低沉悠长的祷告，四周寂静无声，李来荣觉得上帝就在他的面前，不得不认真检点自己昨天的所作所为，生怕受到上帝的责罚，下决心改正一切邪恶。孩子的心，纯洁无瑕！多年以后，李来荣被关在日本人的万隆集中营里能够安之若素，勇敢求生。我想，除了对祖国，对亲人深沉的爱之外，一定还有来自童年早上教堂里寂静的力量。

教会学校给李来荣带来的另一种力量，是英文所开启的西方文化的窗口，与古文所沉淀的中国传统文化的精神，汇聚于少年李来荣的心胸，转化成无穷的求知热情，与强烈的民族自尊心。后来，他走向美国，走向世界，又回归祖国，回归故乡，靠的是，这样一种力量！

死记硬背，是中国私塾传统的教育方法，一度被批判得体无完肤，一无是处，却在养元小学发扬光大。无论是英语，还是古文，李来荣们都在老师的监督下背得滚瓜烂熟。外国名著片断、民歌、抒情诗、唐诗、宋词、元曲，背得多了，潜移默化，自然融会贯通。李来荣深厚的古文功底与精熟的英文水平，就是这时候打下了坚实的基础。李来荣后来无论到美国留学，

怀德幼儿园的课间操　（白桦提供）

还是在新西兰工作，都能与外国人打成一片。他不仅与外国朋友谈笑风生，愉快交谈，还跟他们一起唱民歌，背抒情诗，都得益于养元小学的童子功。

李来荣小时候聪明过人。小学时，他有个同学闹肚子，老师要他到校医那儿取药。可校医是美国人，听不懂闽南话。小李来荣也才刚学会几个英语单词。李来荣急中生智，对校医指着嘴巴说："here come"，又指着屁股说："here go"，再指指肚子说："making noise，叽哩咕噜。"小李来荣顺利地完成了取药的任务。多年后，李来荣的女儿李文芳讲起父亲幼时这段故事仍忍不住抿嘴一笑。

养元小学毕业后，李来荣进入寻源书院读书。一位叫刘振威的老师让李来荣记忆非常深刻。古稀之年，李来荣仍记得刘老师的话："不论学什么学科，必须将书本上的内容与自己的思想挂上钩，融会贯通才能真正掌握它。为了检查自己是否真懂，最好是读完课本后将书合上，看看是否能用自己的话将内容说出来或写出来。"这几句话成为李来荣几十年来掌握新知识的基本方法。正如荀子所说："诵数以贯之，思索以通之。"

但是让李来荣牢记终生并身体力行的，还是他的小学老师周坤元老师。周老师注重整洁，讲究卫生，要求学生要养成良好的卫生习惯，注重个人仪容仪表。他说"你们长大了要当老师，有的也可能当大使、外交官，代表国家演讲，与外国人洽谈，一定要站直，仪表堂堂，不能给国家丢脸。"所以周老师要求李来荣他们站立时背一定直。靠墙而立一定要后脑勺、屁股、足跟三点都要靠墙。周老师严格的要求，不仅塑造了学生们的堂堂仪表，纠纠身姿，李来荣古稀之年依然腰不弯，背不驼，身强体健，挺直腰板走路，不能不说得益于此；更重要的是，启发了孩子们的民族自尊心，让李来荣一直铭记在心，不能忘怀。

1941年夏，李来荣在美国的宾州大学获博士学位，被选为美国全国科学研究荣誉学会 SigmaXI 会员资格，受赠象征学识渊博的"金钥匙"。凭借这把金钥匙，李来荣可以免费在美国全境自由考察农业，无论到哪里都会赢得同行们的尊重，可以毫不费力地找到报酬优厚的工作。李来荣在美国的前途可谓一片光明。但是，李来荣选择了回国。不为别的，只为父母之邦依然贫穷落后。"一定要站直，仪表堂堂，不能给国家丢脸。"我想，李来荣一辈子都没有忘记这句话。

2. 青梅良缘

李来荣说不上英俊，却表情坚毅；说不上高大，却健康结实；皮肤黝黑，却内心光明。就凭这些，李来荣赢得了一位美丽少女的芳心。

弹吉他的青年李来荣
（李秋沅提供）

从小，他们就相识。"君骑竹马来，绕床弄青梅。"几年不见，少女出落得婷婷玉立，一身布衣怎么也掩饰不住女子的天生丽质。每一个傍晚，李来荣弹着吉他向她走去，少女便踩着旋律出现在李来荣面前。两小无猜，两情相悦，佳偶天成，一切都那么顺理成章。李来荣的母亲敦促着他们赶紧把婚事办了。

1935 年 2 月 1 日，简单的婚礼将两个相爱人的手紧紧牵在一起。从此，无论贫穷富贵，无论灾难疾病，不离不弃，生死相依。

新娘是邵锦缎。她是如此美丽、贤惠与聪明，当时正就读于协和大学理学院一年级，年年获得奖学金。婚后就相随夫君南下广州岭南大学。薪水虽薇薄，却有贤妻慈母，新添的女儿，李来荣感到十分幸福。

幸福的日子却伴随疾病与困苦。抗战爆发后，日寇占领广州，打破了宁静的生活。李来荣举家迁到英占区九龙粉岭。炮战隆隆，人心惶惶，环境如此恶劣，邵锦缎因此生了病，日见削瘦，以至奄奄一息。女儿得不到母乳，也得了荨麻疹。李来荣心焦如焚，一筹莫展。一个留学德国的泉州籍医生妙手回春，挽救了母女俩垂危的生命。李来荣悬着的心才放下来。

1938年夏，岭南大学有一个与美国交换青年老师的机会。李来荣有幸获得了学校的推荐。面对年迈的母亲，幼小的女儿，体弱的妻子，李来荣一时难以下决心。但科学报国的抱负激励着他。李来荣认为中国之所以一再受外国欺负，是因为中国太落后了，只有富强起来才有出路。为灾难深重的祖国尽一份赤子之心的强烈愿望，使李来荣毅然决定远赴美国求学深造。没想到母亲比李来荣还坚定，她对李来荣说："我可以回家乡，你安心去吧！"邵锦缎也鼓励李来荣去美国，她说她想回协大继续修完大学课程，希望李来荣早日拿到博士学位，回国后两人在事业上可以互相帮助。

如此母亲与妻子，李来荣再无后顾之忧。向着美国，出发！

没想到如此一别，竟是八年。1945年二次大战结束，当李来荣九死一生，历尽艰险从日本人的万隆集中营回到阔别多年的家乡鼓浪屿的时候，母亲已逝，锦缎在邵武工作，女儿由在鼓浪屿当护士长的姐姐抚养。一家人，八年，分离三处，而今劫后重聚，自是悲喜交加。李来荣回国后，锦缎在协大农学院生物系任助教，后晋升为讲师。

是的，没有什么可以使他们分离。无论战争炮火，无论远隔重洋，无论灾难荣耀，都不能使他们分离。

使他们分离的，唯有生死。1969年6月2日凌晨，悲剧发生了。锦缎忍受不了长时间隔离审查的折磨与对未来的恐惧，终于自杀身亡。已被诬蔑为"洋奴"、"反动学术权威"，从而沦为"阶下囚"的李来荣甚至不能获准与爱妻见上最后一面，说上最后一句话。据说锦缎有遗书，李来荣却从来没看到。

仁爱、顺从、忠诚、善良，锦缎平生所奉行的处世原则，是这样不堪一击，毁灭于那个残忍、愚昧、良知泯灭的黑暗年代。

当年弹着吉他向他心爱的女子走去的时候，李来荣是否会想到多年以后，他挚爱的人如此结局？

3.新西兰的第一位中国高级学者

1941年夏，李来荣在美国获得博士学位和"金钥匙"奖，归心似箭，迫不急待地想回到多灾多难的祖国。1941年11月底，李来荣从美国旧金山乘荷兰亚哥兹半太子号大型邮轮回国。想到不久就可以见到久别的亲人，李来荣心情激动万分。

邮轮在太平洋上经过七天七夜的航行，于1941年12月7日驶入夏威夷群岛的珍珠港。多年以后，李来荣在鼓浪屿的家中回忆起当时的情形，依然历历在目。那天早上7时，李来荣走上甲板，准备上岸走走，却发现周围的气氛很紧张。突然，几枚炸弹在船边爆炸，海面上喷出几处大水柱。船长通过广播告诉大家，发生了非常事件，要大家立即上岸。大家议论纷纷，互相探询，乱成一团。

邮轮的乘客们匆忙上岸，被指令到靠山的一所孤儿院中住下。从上午7时到8时一个小时中，就有好几批轰炸机轰炸。远处美军驻地乌烟四起，火光冲天。混乱中，李来荣买了份号外来看，才知道珍珠港遭不明国籍飞机轰炸。直到后来，李来荣才明白这就是第二次世界大战太平洋战争的序幕，而他不经意间成为著名珍珠港事件的见证者。

李来荣

战争的爆发，邮轮在夏威夷滞留了两星期。乘客们一切行动受美军指挥。死伤无数，传说很多。听说有小型潜水艇入港，美国第七舰队全军覆没。最后李来荣他们被告知，邮轮不得不改变航向，受美军指挥。究竟驶向何处，连船长也不知。许多乘客下船，另买票回美国。李来荣此时已无多余的钱买船票回美国。更主要的是，他根本没打算在美国待下去。李来荣相信只要邮轮不停地往前走，就会离祖国越来越近。

23天后，邮轮到达新西兰惠灵顿。由于战事正酣，邮轮在此停泊不前。李来荣不敢贸然上岸，在邮轮上住了四天，观察岸上的情景。天上有飞机，地上有火车、汽车、电车——陌生的新西兰，富庶的新西兰呈现在眼前。

李来荣很快就发现友好的新西兰。李来荣一上岸，就去访问了农业部，想了解当地的农业情况。农业部的一个工作人员知道李来荣是中国人后，自告奋勇地带李来荣去中国大使馆。中国大使汪丰热情地接待了李来荣，并据实劝告李来荣停止航行，因为香港、印尼、新加坡等中国附近岛屿已全被日军占领，坐船回国几无可能。况且战时情况千变万化，继续随船前行，前途未卜，十分危险。而新西兰未卷入战争，环境和平，生活安定，汪丰建议李来荣暂留新西兰，待大战结束以后再回国。李来荣认为汪丰言之有理，就与一位广西学生魏兴章一同搬行李上岸，在新西兰逗留下来。

举目无亲，前途渺茫，有家难归，李来荣漫步于新西兰惠灵顿整洁的街头，真是几分惶惑，几分迷茫。李来荣身边只剩下200美元。怎样在新西兰这个陌生的国度生存下去是摆在李来荣面前的首要问题。

天无绝人之路。李来荣在报纸上发现新西兰皇家植物科学部植物研究中心需要人。李来荣不禁喜从心来。他决定抓住这个难得的机会。深厚的学养，扎实的专业知识，磊落的态度，使李来荣通过了八位考官的严格考试，被植物研究中心录取，成为在新西兰工作的第一位中国高级学者。

在新西兰的工作经历是令人愉快的。李来荣刚到研究中心工作几天，就收到皇家学会的邀请书，请他作一次学术报告。李来荣大胆地接受下来，花了两周准备了一篇题为"中国与美国在水土保持方面的比较"的论文。李来荣的报告非常成功，在新西兰大受欢迎。新西兰全国广播电台特地请李来荣将报告分成四次向全国播讲。新西兰的中国同胞奔走相告，中国人用英语向新西兰作了长达一个半小时的学术报告。

在新西兰工作期间，李来荣凭借自己学有所长，为新西兰农业解决了许多实际问题，与新西兰人民结下了深厚的友谊。受新西兰规划委员会之邀，李来荣参加了沃克兰北部考察。李来荣预言油梨可给沃克兰带来很大好处，建议大力种植油梨。沃克兰当局采取了李来荣意见，从此油梨成为新西兰的重要果品。

一晃两年的时光过去了。李来荣由一个流落异乡的难民成了副研究员。两年多的时间里李来荣发表了十几篇论文，为新西兰的油桐不结果及盟军在所罗门群岛海战急需供应大量新鲜蔬菜提供解决办法。两年前，李来荣在新西兰惠灵顿街头四处奔走。两年后，李来荣拿着周工资15英镑的高薪。同事们待他如亲人。所长对李来荣的工作赞赏有加，大家都劝李来荣把妻女接过来，在新西兰安居乐业。新西兰已成为李来荣难以割舍的第二故乡。

但是，故乡的亲人在召唤，祖国的炮火不断，李来荣的心，不安！

1944年2月，李来荣拒绝了新西兰植物研究中心的再三挽留，乘一艘货轮，取道印度经缅甸回国。

4.万隆集中营的中国园艺学家

回国的道路历尽艰辛。李来荣乘坐的货轮经澳大利亚驶向印尼。1944年3月19日，李来荣正在甲板上打羽毛球，迎面驶来一艘日本大型巡洋舰，紧接着货轮中了鱼雷。船身立即倾斜，眼看就要沉船了，日本军舰又不停地扫射，船上立刻乱成一团。在船长的指挥下，乘客们紧张而有序地撤离货轮。李来荣的心仿佛一下子掉进冰窖里，第二次回国的努力莫非又成泡影？

李来荣换上哗叽尼西装，将箱子里有关身份证明的资料文件全部撕毁，连心爱的金钥匙也狠心扔进大海。

手无寸铁的乘客在大海中沉浮。李来荣亲眼看见大部分人经不住惊涛骇浪的颠簸，葬身海底。在鼓浪屿海边长大的李来荣谙熟水性，关键时候救了他一命。但游了500米左右，李来荣还是被日本人抓上战舰。经过九天九夜的航行之后，李来荣被带到日本军占领的雅加达。上岸时，李来荣与其他俘虏一样受尽了侮辱折磨。他们被脱得只剩下一条短裤，连鞋子、手表等随身小物品也被没收，一个个赤着双脚，光着身子接受审问。李来荣一口咬定他是学生，结果以敌国学生战时旅行的罪名押上火车，关进万隆集中营。

集中营里关押着中国人、荷兰人、英国人、美国人等与德、意、日交战国的公民，还有许多印尼的爱国华侨。

十几人挤在一间，睡在地上，一天只有一定时间才被允许出来活动。一日三餐只分给一小碗米饭，每天都有十几个人饿死，个个骨瘦如柴。更可恨的是，日本人拿俘虏们寻开心，在赤道附近正午的烈日下罚站，一动也不让动。有的人抗不过酷暑，中暑而亡。

"What shall we do, when hope is gone? Sail on !Sail on! On and On!"当希望消失，我们该怎么办？前进，前进，再前进！哥伦布的名言激励着李来荣在险恶的环境下勇敢地活下去。就像他多年以后，再次身陷囹圄，由备受敬重的尊者跌至牛棚待罪之人，爱妻不堪折磨撒手而去的世事艰难中，依然选择坚强地活下去一样。

为了活下去，李来荣争取当上了集中营的厨工，利用他植物学家的本事，将厨房丢弃的空心菜根、烂西红柿以及甜椒籽种在集中营的铁丝网边。这些植物还真的奇迹般地存活下来。李来荣将空心菜叶摘下来，切碎，加点盐和在饭里，西红柿和甜椒也掺合着吃。就这样靠着这点瓜菜补充，李来荣和中国难民们才勉渡难关，免于一死。一个清高的荷兰军官本来对此不屑一顾，后来饿得不行了，居然肯掏出怀表跟李来荣他们换菜。这个怀表后来李来荣一直保存着，作为这段历史的见证。

集中营里的日子一晃就是一年半。1945 年第二次世界大战结束，日本人投降，李来荣他们才重见天日。在盟军澳大利亚军舰的护送下，李来荣他们到了新加坡。一周后，李来荣乘一艘白色的英国救护艇，从新加坡驶往香港。再一周后，一艘英国海军的鱼雷快艇，免费送一批难民到厦门。厦门，终于近在咫尺。

5. 倾情新中国

历尽艰辛，重归故里。李来荣恨不得使出浑身解数，将自己的全部知识贡献给祖国。他思想上倾向英国费边社，同情中国革命，曾力劝当时国民党省主席李良荣留在大陆，还鼓励福建协和大学学生、地下党员黄猷通读《世界史纲》。1946年，他受聘福建协和大学农学院院长兼园艺系主任、教授。1949年，李来荣感动于黄猷、郭强民、曾世彨，还有严复的儿子、民盟地下盟员严叔夏教授的真诚挽留，谢绝国外的盛情邀请，决定留在祖国。

1957年，周总理签名任命李来荣为福建农学院院长。50年代末，农学院因原址太小，无法开展教学活动，迁址梅峰。李来荣院长亲自参予校园规划，把福建农学院建设成一座完善的农学教育中心，一座绿树成荫、柳枝摇曳的美丽校园。可惜"文革"中成了福州军区招待所。

李来荣主持整顿《协大农报》（即以后的《农学院学报》），将《协大农报》提升为拥有国际学术水准的学报，走向国际学术舞台。李来荣还主办农学系、园艺系学术讨论会，三四年级的学生都可以参加。

李来荣爱惜人才，培养人才。早在1947年，他慧眼识英才，将福建协大园艺系毕业生李家慎、周祖英留校当助教，将另一个高材生方同光推荐给寻源书院同班同学、时任山东大学生物系教授曾呈奎当助教。三位学生不负重望，以后分别成为疏菜学科、土壤学科和海洋植物学科的带头人。李来荣还力荐协和大学物理系女讲师林兰英到美国宾州大学深造。林兰英取得博士学位，成为半导体研究方面的专家。解放后，李来荣又写信动员林兰英回国。林兰英后来成为我国半导体研究方面的领军人物。"文革"后，李来荣推荐十来名优秀学生赴美国、新西兰留学。这些学生学成归国后成为国内各方面的著名专家。

实事求是，从客观条件出发考虑生产发展，是李来荣所秉持的学术原则。而对新中国的成立抱以极大期望，李来荣工作起来更是不舍昼夜。李来荣挽起裤管，披风栉雨，每年都带领学生深入山区、果场，寻找农业生产实际中存在的问题，提出解决的办法和途径。1954年，李来荣到漳州诏安县走马塘考察。当地农民因地制宜立体栽植作物的作法给他留下了很深的印象。为了解决柑桔保苗过冬问题，他的一个同事照搬美国一本专业刊物上的做法，提出用纸覆盖法（paper cover）。李来荣一听就火了，说："Do you have enough paper to cover?"当时中国人连饭都吃不起，哪来的那么多纸来盖柑桔？

6. 中新友好使者

1979年，历尽劫难的李来荣率领中国科学院植物学代表团赴新西兰考察。新西兰的报纸对此大加报道。李来荣一行抵达新西兰时，新西兰外交部长和科学部有关负责人亲自到机场迎接。在惠灵顿，李来荣一行受到了

访问新西兰时的新西兰报道
（李秋沅提供）

副总理兼外长、科学技术部长和农业部长的分别接见。科学部特意安排李来荣去沃克兰，在欢迎会上当场散发40年前李来荣写的文章，以示对李来荣博士崇高的敬意。新皇家学会设午宴招待李来荣一行。皇家学会主席 R·K·Dell 先生亲自主持了以"进一步发展中新科技交流"为中心议题的非正式讨论，取得了四项成果。新西兰各地报社、电台、电视台多次进行报道，刊登李来荣大幅照片，称新西兰为李来荣的第二故乡，称李来荣是中国的友好使者。李来荣每到一处，几乎都有一位科学负责人举行家宴款待李来荣一行。新中友协沃克兰分会、新中友协全国委员会主席都应邀参加宴会。

回国不久，李来荣获悉被新西兰皇家学会选为名誉会员。这一殊荣让李来荣觉得能为中西友谊尽一点力量而甚感欣慰。

1980年9月16日，新西兰总理马尔登访问中国，特别会见了李来荣博士，并赠李来荣一把玉刀及一本精美的集邮本，致意欢迎李来荣再访新西兰。

访新回来，李来荣带领科研人员建立了我国猕猴桃试验园，加紧进行选种、栽培和加工研究，并向全国推广、交流，填补了我国猕猴桃研究的空白，被称为中国的"猕猴桃之父"。

老骥伏枥，壮士暮年。晚年的李来荣依然奔走在他的植物王国。七十多岁还主持发展大农业、开发"金三角"的大讨论，为祖国尽到自己最后一份心力。

晚年的李来荣虽深居鼓浪屿，却热心推动闽南文化事业发展。他担任福建省民盟主办、洪卜仁主持的《闽南乡土》的荣誉主编四五个年头，为闽南文化的传承与发展尽了自己一份心力。

一切都过去了，无论荣耀还是苦难。1992年，84岁的李来荣博士在他的家乡鼓浪屿安然逝去。正如他的外孙女，著名儿童

1980年9月，李来荣陪同新西兰马尔登总理游览鼓浪屿（李秋沅提供）

文学作家李秋沅在纪念李来荣诞辰 100 周年的序言中所说："当世俗的所有荣耀因着他的死亡而谢幕时，真正属于他的荣光——他的磊落、他的真诚、他的睿智、他的坚强穿越时空，穿越死亡，永远留在了后人的心间。"

参考资料：

1.《一片冰心在玉壶——纪念园艺学家李来荣诞辰一百周年》(李文芳主编，2008)

2. 彭一万：《留美归国的著名园艺学家李来荣教授》(《鼓浪屿文史资料》第 6 辑)

(本篇承李秋沅女士、李文芳女士接受访谈，在此诚致谢意！)

"泽农""耕海"
——海洋学家曾呈奎

1. 山兜海上

1909 年 6 月 18 日，曾呈奎生于厦门集美山兜内林（现灌口镇李林村）。山兜即山窝，曾呈奎虽生于山兜，却非贫寒子弟。曾家是华侨世家。父亲曾壁沧承继家业，是拥有三艘远洋客轮的厦门宗记轮船公司经理。母亲林水清，热心公益事业，在家乡颇有声望。在曾家的四个兄弟中，曾呈奎排行老二。很小的时候，曾呈奎可能随父母到过缅甸仰光。到了曾呈奎六七岁时，曾家举家迁居当时洋人华侨聚集的公共租界鼓浪屿。在鼓浪屿，曾呈奎得到了当时相对先进的近现代教育，从此走向世界，成为世界著名海洋研究专家，为中国和世界海洋科学作出了杰出的贡献。

在鼓浪屿，曾呈奎就读于福民小学。福民小学为英国伦敦差会传教士施约翰夫妇初创于 1873 年的"福音小学"，1909 年与基督徒陈希尧创办的"民立小学"合并而成。福民小学通过举办师生自编自演的"恳亲会"，加强与学生家庭的沟通联系，同时获得办学经费支持。1919 年，福民小学学生数达 300 人，经费也增至近 3000 元。其时 10 岁的曾呈奎该是四年级的学生，想必

建于东山顶的打马字纪念楼，时为寻源书院校舍　（白桦 提供）

"恳亲会"上也少不了他的节目，父亲也没少为福民小学慷慨解囊吧。

　　1922年，曾呈奎由鼓浪屿福民小学毕业，考入寻源书院，与李来荣同班。曾家良好的家庭教育，鼓浪屿浓郁的学习氛围，加上自身聪明好学，曾呈奎几乎每学期都是全班第一名，在四年级的全校大评比中也名列榜首。曾家当时居于鼓屿何处，而今已难以考证，但鼓浪屿当时开风气之先的近现代教育体制无疑为曾呈奎的学业打下坚实基础，使其受益终生。

2. 早期足迹

　　从山兜内的集美灌口到海上的鼓浪屿，不知道对曾呈奎以后选择海洋事业是不是影响深远？ 稍微罗列一下曾呈奎的简单履历，曾呈奎海洋研究之路的足迹就一目了然：1926年考入福州协和大学；1927年转入厦门大学植物系学习，师从钟心煊、钱崇澍二位教授，1930 年大四下学期被聘为植物系助教，1931 年获厦门大学理学学士学位；1934 年 6 月毕业于广州岭南大学研究生院获理学硕士学位；1930 年至 1935 年期间，曾呈奎任厦门大学助教和讲师；1935 年，任山东大学生物系讲师，1937 年升任副教授；1938 年，曾呈奎赴岭南大学担任植物学副教授兼植物标本室代主任至 1940 年。

1940 年，曾呈奎获奖学金赴美国密西根大学研究生院深造，1942 年以海藻分类学研究获理学博士学位和拉克哈姆博士后奖学金；1943 年在美国加州大学斯格里普斯海洋研究所任副研究员，负责海藻研究工作，特别是琼胶及琼胶海藻的资源及养殖的研究；

1946 年春天，山东大学复校，时任生物系主任童第周教授的一纸书信，一腔热情，激动着远在美国的曾呈奎，积蓄已久的家国情怀顿时有了出口："我的事业在中国，正因为她落后才更需要我们去建设。"归国心切，曾呈奎谢绝美国密执安大学、华盛顿大学等知名大学的盛情邀请，于 1946 年 12 月回国。1947 年，曾呈奎出任山东大学植物系教授、系主任兼水产系主任和海洋研究所副所长。

战火不息，炮声犹在，海洋研究真正开展起来谈何容易。停办 8 年的山东大学几乎一无所有。曾呈奎为购买图书、设备、仪器和组建教学、研究队伍而奔忙。条件十分困难，曾呈奎劳心伤神，呼号奔走，才稍有建树。他吸引并培养了一批海藻学、海洋学和水产学方面的教学和研究人员，为以后海藻事业的发展打下了基础。

1949 年，青岛解放前夕，妻儿已到台湾，国民党政府极力争取，曾呈奎还是毅然留了下来，投身于中国的海洋科学事业。

1950 年应该是曾呈奎海洋事业重要的一年。这一年，曾呈奎与童第周、张玺教授共同组建了中国科学院海洋生物研究室，并任副主任。这是新中国第一个海洋生物研究机构。1959 年扩建为中国科学院海洋研究所，曾呈奎任研究员、副所长、所长。以此为基地，曾呈奎在海洋研究领域呕心沥血，默默耕耘，贡献卓著。

曾呈奎

3．"泽农" "耕海"

　　一个华侨富商的二公子，却对农业异常感兴趣。1925 年，曾呈奎就读的寻源书院迁往漳州。"我 17 岁那年，在福建漳州看到农民生活很苦，就想着怎样才能让农民吃得饱。"曾呈奎目睹了食不果腹的农民常常赤足涉海拣海菜充饥，就萌发了"耕海泽农"的理想。为此，他给自己取名"泽农"。科技救国，惠泽百姓，"泽农"之本意如此。像耕种陆地一样耕种海洋，是为"耕海"，这是早年曾呈奎的理想。

　　理想的实现基于基础理论与应用研究的现实结合。曾呈奎早在美国留学期间，就认为必须使海藻和海藻制品的生产成为国民经济的一个组成部分，中国的海藻研究才会有广阔的发展前景。基于此念，曾呈奎从分类学转向海藻栽培原理和加工利用的研究。当时在美国，这两个领域的研究也还处于起步阶段。他利用密西根大学的拉克哈姆博士后奖学金，访问了美国沿海的海洋和海洋生物研究机构，参观了美国几个主要的海藻品加工厂，调查了美国的海藻资源加工利用情况。曾呈奎还在加州斯格里普斯海洋研究所所长、著名海洋学家 H．U．斯维得鲁普（Sverdrup）教授和海洋化学家 E．G．莫伯克（Moberg）教授指导下学习海洋学和海洋化学。1943 年，曾呈奎受聘于该所，着重研究琼胶海藻石花菜和江蓠的资源及其增殖和加工利用。

60年代，曾呈奎提出"浅海农业"概念和"耕海牧渔"建议，只是为了一个平常的心愿——"我要为人们的饭桌上添几道菜"。

朴素一念，矢志不渝。即使"文革"被打成"反动学术权威"，即使被发配去打扫厕所，曾呈奎亦默默忍受，相信有一天，"泽农"再"耕海"。

南北海域，上下求索。祖国万里海疆，曾呈奎足迹无所不至。而"泽农""耕海"的理想也一步步的实现。

随着曾呈奎足迹所至，一种叫海带的海洋生物，由温带的北方到亚热带的南方，实现了大规模的人工养殖。人工海带夏苗低温培育、海带施肥增产、海带南移养殖技术等等，正是这些先进的技术使我国海带年产量由零上升为占全世界的95%。曾呈奎因此被誉为"中国海带之父"。如今，在中国家庭的餐桌上，海带已是常见菜，可在上世纪50年代，对一个普通家庭来说，海带却属稀罕物。那时，我国每年大约从日本和苏联进口15万吨干海带。曾呈奎真的为百姓的餐桌增添了一道可口的菜肴。

曾呈奎又与合作者完成了紫菜生活史的研究，因此而诞生一个新名词："壳孢子。"紫菜栽培中的关键技术问题得到解决，紫菜就此开始了大规模的人工栽培。

海带与紫菜，现在是百姓饭桌上的寻常菜肴。曾呈奎看到人们食之有味当有多么欣慰。

远涉重洋求学的曾呈奎，一直认为"海洋科技要走自主创新之路"。70年代末，他提出"海洋水产生产农牧化"系统理论。到80年代后期，逐步发展为"蓝色农业"系统思想。善言之下，其利必兴。藻类、贝类、虾类和鱼类四大海水养殖浪潮，使我国一跃而为世界最大的海水养殖国。中国百姓的饭桌又因此而添了多少道鲜美海味。

一个又一个科学难关的攻破，曾呈奎"海洋牧场"的理想也

曾呈奎长达 70 余年的科研活动都和海洋科学联系在一起

一步一步地变为现实。

有人说，一个曾呈奎，就是半部中国海洋事业发展史。在他的主持下，新中国第一艘海洋科学考察船"金星号"下水；1958年至1960年，他组织和领导了我国第一次大规模全国海洋综合考察；在他与其他海洋学家的联合推动下，国家海洋局成立，"863 计划"中增设海洋生物技术专项，南极调查研究列入国家重点项目。实事求是，斯言诚哉！

4. 只争朝夕

笑容慈祥，精力旺盛，一谈起海洋科学就神采奕奕，这是曾呈奎留给人们的印象。曾呈奎常有一句话挂在嘴边："时间不等人，活着，就要为人民努力做点有益的事。人生只有一次，何不轰轰烈烈过一生？！"

实际上，曾呈奎做的比说的更多。自 1930 年 1 月以《厦门的海藻及其他经济海藻》作为毕业论文，曾呈奎就开始了他的海藻学研究生涯。当时国内海藻学研究几乎处于空白状态。1933年 1 月，曾呈奎毕业论文发表。三年的研究实践让他认识到没有分类学基础，就很难开辟这一新领域。1932 年至 1940 年，曾呈奎只身一人对全国海藻资源进行调查研究。南起东沙岛、海南岛，北至大连、北戴河、烟台、青岛，曾呈奎在荒无人烟的海滩和神秘莫测的海底，采集了数千海藻标本。这些标本成为中国最早的海藻资料。曾呈奎根据这些标本进行海藻分类研究。他与国际知名的藻类学家，如日本的冈村金太郎，美国的 H．N．加德纳（Gardner）、M．A．豪（H owe）和丹麦的 F．博奇森（Boergesen）书信往来，探讨学术问题。1933 年至 1940 年，他共发表中国海藻分类研究论文 32 篇，成为中国海藻学研究先驱。

40 年代在美国，曾呈奎废寝忘食，夜以继日地拼命工作。为了研究大石花菜的生长，曾呈奎学会潜水技术，定期潜到水深10 米的海底布置实验，每月潜水测量水温、生长速度和取水样进行分析，开创了潜水进行藻类学水下实验的先例。在美期间，他一共发表了有关海藻的分类形态、资源利用、海藻化学和光合作用等方面的论文报告共 30 余篇，还提出了 phycocolloid(藻胶）和 agarophyte(琼胶原藻）等国际科学家常用的词汇。

1975 年，刚被"解放"的曾呈奎果断提出进行西沙群岛海洋生物科学考察，带领助手于 1976 年和 1980 年先后两次前往西沙群岛。其时，曾呈奎已年近古稀，却每天冒着 40 多度的高温下海采集标本。

1996 年，曾呈奎 87 岁。为编写《中国海藻志》补充资料，他亲自带队到广西北部湾涠州岛进行马尾藻标本采集工作；2002年，曾呈奎 93 岁。因病住院，为了不让陪床的老伴担心，他躲到洗手间修改学术报告。手臂肿瘤切除手术后，曾呈奎即飞西亚出席"亚太地区海洋科学与技术大会"并精神抖擞地作了45分钟学术报告。

1993年，已经84岁高龄的曾呈奎院士写道："为了使耕海活动取得巨大胜利，还必须使用剩余的时间，继续努力奋斗。"

时不我待，只争朝夕。对于国家和民族的责任感与使命感，当是曾呈奎生命不息，奋斗不止的最强大动力吧。

90年代，曾呈奎院士在青岛海滩上观察采集的海藻

5. 朴素人生

曾呈奎一生致力于海洋科学研究，几乎无暇于生活本身。生活中他朴实无华，尊重他人；俭朴慷慨，快乐风趣。独特的人格魅力，总是让接触过他的人难以忘怀。

曾呈奎热爱音乐。古典的和通俗的，他都喜欢。改完一篇论文，或做完一个试验，是曾呈奎最放松的时候，他总是忍不住吹一段口哨，或者唱一首英文歌，节奏明快的《扬基之歌》是他最爱唱的一首。如果到国外考察或开会，他都会利用点滴时间读读英文报纸。坚实的英文功底和良好的音乐感觉，得益于早年他在鼓浪屿福民小学和寻源书院的打下的基础。

曾呈奎爱喝咖啡。多年留学国外，他的生活方式多少有点西化，可他没有半点不合群。他让秘书做点事情，他会说："请你帮我把这个材料整理一下，有不合适的地方尽管改。"曾呈奎的平易近人让所有接近他的人觉得如沐春风。

曾呈奎平时总是乐呵呵的，很难看到他愁眉苦脸。任何艰难困苦他都能处之泰然，即使在"文革"中受到非人的折磨，他也从来没想到过自杀。

曾呈奎一生俭朴，省吃俭用。一张餐巾纸，分为三次用；给工作人员写便条用的是旧台历纸；曾呈奎对自己可谓处处精打细算，锱铢必较，却将自己积攒多年的工资、稿费、奖金30多万元捐献给公益事业。2005年1月12日，曾呈奎弥留之际，得知印度洋海啸消息，又嘱托亲人捐款1000元。这是他生前最后一次捐款。

曾呈奎古道热肠，甘为人梯，不遗余力地扶持年轻学者。100多位海洋高级科技人才，是曾呈奎为中国海洋事业留下的宝贵财富。2003年，94岁的曾呈奎依然一字一句地认真阅读海洋所宋金明教授长达90万字的《中国近海生物地球化学》手稿，甚至连标点符号都没有放过。国际著名藻类学家、美国北卡路林那大学资深教授麦克思·侯莫森特回忆道："作为一个青少年如果没有他善意的帮助，我是不可能进入如今已成为我终生为之奋斗的藻类工作。"

"无论他和一位美国总统握手或者会见一位同事或者指导一位研究生，他都是以相同的平等态度对待。他始终能给在他周围的人一种难忘的印象。"美国加州大学历史科学史研究员彼得·纽肖博士这样评价曾呈奎是有感而发的。1975年，曾呈奎访问美国。曾呈奎密西根大学同学，时任美国总统福特在白宫接见了他。两位老同学在白宫谈笑风生，一如当年。

6.归于大海

76年的科研与教学，曾呈奎可谓硕果累累，成就卓著。他独自撰写和与人合作，留下了 370 余篇高水平学术论文，出版了 12 部学术专著。1980 年他当选中国科学院学部委员（院士），1985 年当选第三世界科学院院士。先后获得全国科学大会奖、国家自然科学奖、国家科技进步奖、中国科学院重大科技成果奖和省（部委）奖。1995 年被太平洋科协授予太平洋地区科学大会奖（畑井新喜志奖），1996 年获香港求是科技基金会"杰出科技成就奖"，1997 年 9 月获由朱镕基总理和香港最高行政长官亲自颁发的"何梁何利基金"科技进步奖，2001 年获美国藻类学会杰出贡献奖，2002 年又获山东省首次设立的最高科学技术奖，1991 年被山东省政府授予"杰出贡献科学家"荣誉称号。

舍身而为，重任在身。曾呈奎一生任职甚多，略举如下：中国科学院学部委员、第三世界科学院院士、海洋生物学家、藻类学家、中国海藻学奠基人、中国科学院海洋研究所所长、中国海洋湖沼学会理事长、国际藻类学会主席、世界水产养殖学会终生荣誉会员、美国俄亥俄州立大学名誉博士。

2005 年 1 月 20 日，曾呈奎 96 岁，病逝于青岛。所有的荣誉与光环都挽不回他归于大海的胸怀："身体有用器官捐献社会，骨灰洒入大海，所有书籍和资料全部捐献给中国科学院海洋研究所。"

《人民日报》、《科技日报》、《光明日报》、《经济日报》、《人民政协报》等全国多家报纸对曾呈奎的事迹进行了长篇专题报道。对曾呈奎为中国海洋事业奋斗的一生给予高度赞扬。2009 年中国海洋湖沼学会设立"曾呈奎海洋科技奖"。

1950 年 12 月，曾呈奎加入中国民主同盟会。2005 年，《中央盟讯》第 4 期，民盟中央发出向曾呈奎同志学习的通知，号召全盟向曾呈奎致敬，向曾呈奎学习。2005 年《人民政协报》发表了全国政协副主席、民盟中央常务副主席张梅颖的文章《大海的儿子，民盟的骄傲》，对曾呈奎为中国海洋事业奋斗的一生给予高度赞扬，并号召全盟向曾呈奎学习。

国际著名藻类学家、澳大利亚亚太地区应用藻类学会乔安娜·琼斯博士在唁电中说："曾呈奎是一位藻类学界巨人，整个世界都要为他哀悼。"

生于大海之滨，学于大海之阔，潜于大海之深，终归于大海怀抱。"我是大海的儿子！"曾呈奎这样来定位自己的生命。

参考资料：

1. 费修绠、周百成：《曾呈奎》(《中国现代科学家传记》，科学出版社，1992.10)

2. 陈典：《让海洋生物为人类服务——访全国人大代表、全国侨联顾问曾呈奎教授》(《华声报》1986.4.1)

3. 《民盟中央关于向曾呈奎同志学习的通知》(《中央盟讯》2005.4)

4. 张梅颖：《大海的儿子，民盟的骄傲》(《人民政协报》2005.8.4)

5. 陈清平：《从集美走出去的中国科学家》(《集美报》2009.10.26)

6. 《曾呈奎》(《福建现代科学家》P204～205)

7. 张康青：《科海耕耘六十年》

8. 《人民日报》、《科技日报》、《光明日报》、《经济日报》诸报关于曾呈奎长篇报道。

医道祯祥
——病毒学家黄祯祥

洪卜仁　詹朝霞　著

在厦门，或鼓浪屿，三世为医的黄大辟家族颇有点名气，其子黄祯德，其孙黄孕西，都是有名的医生。而黄祯祥的名字，却少有人知道。但在病毒学领域，在全国，乃至世界范围内，黄祯祥都是

泉州路 64 号，黄祯祥曾经居住的地方（陈勇鹏摄）

一个无法忽略的名字。

鼓浪屿泉州路 64 号，一幢清水红砖楼，侧身而立。楼三层，庭院不大，早已疏于整理。黄祯祥曾在此居住。而今居于其间者，只知是黄祯祥远房的亲戚，而对于黄祯祥其人，早已难知其详。

1. 医脉相承

鼓浪屿黄氏家族的医学渊源可以上溯到黄祯祥的祖父黄和成。据黄家一位嫡系后裔黄婉清说，黄和成是厦门新街礼拜堂第三任牧师。不知当时是否受了救世医院院长郁约翰的影响，黄家子弟除了长子黄植庭子承父业，继续做牧师外，其他二子黄衍义和黄大辟都从事医学。黄大辟是郁约翰首批五个中国学生之一。虽然我们现在对黄衍义的行医情况不甚了解，但他的第二个儿子黄祯祥则青出于蓝，为这个医学世家增添了浓墨重彩的一笔。

1910年4月14日，郁约翰逝于手术中鼠疫感染。郁约翰逝世的前两个月，1910年2月10日，黄祯祥出生。郁约翰可能没有想到，他在鼓浪屿所从事的医学事业是怎样深远地影响了一个鼓浪屿家族的生活与命运。

黄祯祥出生时，正是叔父黄大辟服务于救世医院的时候。实际上，身为实业家的黄大辟本身就是救世医院的捐助者之一。如果说家境的宽裕与富有，给黄祯祥专心求学提供了良好的物质基础，那么父亲与叔父的医学事业与言传身教，则对黄祯祥最终选择医学研究影响重大。

祖父黄和成和伯父黄植庭都是美国归正教所属的牧师，黄家的孩子多半会在美国归正教会办的养元小学读书。等到黄祯祥小学毕业时，同样为美国归正教主办的寻源书院已迁到漳州。或许是因为寻源书院的教会背景，以及寻源书院优良的教学质量，黄祯祥居然舍近求远，跑到漳州去读寻源书院，与李来荣、曾呈奎同班。1926年，黄祯祥毕业于漳州的寻源书院，考入福建协和大学。1929年黄祯祥转入北京燕京大学医预科，1930年获硕士学位。燕京大学毕业后，黄祯祥以优异的成绩考入当时医学最高学府北平协和医学院，接受了严格的医学教育。1934年，黄祯祥获协和医学院博士学位，并留在北平协和医院当内科医生。

黄衍义全家福（左二为黄祯祥）（王明理提供）

2. 救国之路

　　北平协和医院是当时中国条件最好、最权威的医学机构。黄祯祥在这里一待就是 8 年。8 年间，黄祯祥不仅打下了坚实的医学基础，而且培养了观察思考、发现问题并独立解决问题的能力。凭着敏锐的洞察力和坚实的医学基础，黄祯祥发表了一系列研究论文，对霍乱、鼠疫、链球菌感染等多方面进行深入研究，颇有建树。尤其是关于白喉杆菌及其免疫的论文，得到了美国医学杂志的重视。黄祯祥刻苦钻研的精神和卓尔不群的才华，使协和医院对其另眼相看，异常器重。1941 年，协和医院选派黄祯祥到美国留学。

　　赴美后，黄祯祥在美国普林斯顿洛克菲勒医学研究院进修，如饥似渴地钻研病毒学。一年后，黄祯祥转至美国纽约哥伦比亚大学内科及微生物科当讲师。1943 年，是黄祯祥不同凡响的一年。这一年，33岁的黄祯祥首次创造了病毒体外培养法的新技术，实现了病毒研究的又一次技术革命，为现代病毒学奠定了基础。

年轻的中国医学博士黄祯祥创造了令世界病毒界瞩目的成就。美国人对黄祯祥当然视之为宝，奉为上宾。获得重大研究成果，考取开业医生执照，优厚的物质待遇和良好的工作条件，以及美国人的热情与殷勤，都挽留不住黄祯祥的归心似箭。祖国炮火纷飞，日本仍在横行，黄祯祥迫不急待地要回到多灾多难的祖国。

心忧国民，科学救国，就在黄祯祥在美国最辉煌的1943年，黄祯祥毅然回到了祖国。1944年到1947年，作为重庆国民政府中央卫生实验院的医理组主任，黄祯祥履行了一个中国人的责任和义务。抗战胜利后，1947年，黄祯祥回到北平，担任中央卫生实验院北平分院院长。

1949年，美国仍对黄祯祥特别关照。美国对华救济总署以黄祯祥个人的名字，为北平分院拨款8000美元。出于对新政府的好感与期望，黄祯祥上交了这笔款子，选择了留在大陆。而当时黄祯祥的夫人叶恭绍教授还留在美国。

3."病毒"研究

"路漫漫兮其修远兮，吾将上下而求索。"黄祯祥选择了病毒研究，也就选择了漫长孤寂的人生之路。无数次病毒试验，无数个不眠之夜，黄祯祥孜孜以求，终生不倦。

黄祯祥

1943 年，黄祯祥在美国《实验医学杂志》上发表《西方马脑炎病毒的组织培养滴定和中和作用的进一步研究》（即《关于 WEE 病毒组织培养滴定与中和法的进一步研究》）。这项新技术把病毒培养从实验动物和鸡胚的"动物水平"，提高到个体组织培养的"细胞水平"。观察者只要用普通显微镜观察细胞有无病变，即可间接判断有无病毒的繁殖。50 年代，美国著名病毒学家 E. 恩德斯（E.Enders）就是在采用了黄祯祥这一技术的基础上获得了诺贝尔医学奖。病毒研究发展到今天的分子病毒学水平，黄祯祥所发现的这一新技术依然起着重要作用。美国 1982—1985 年的《世界名人录》，称黄祯祥这一技术为现代病毒学奠定了基础。

　　1949 年新中国成立之初，流行性乙型脑炎是当时对人体健康严重威胁的传染病之一。作为一个卓越的病毒学家，黄祯祥深知开展乙型脑炎的研究是多么困难。受当时科技水平限制，人们对乙型脑炎传染病认识肤浅。乙型脑炎的病原、发病机制、传播规律、诊断、免疫等问题都还没有解决，甚至于我国流行的乙型脑炎和日本等亚洲国家所流行的乙型脑炎是不是一种病都未能搞清楚。

　　知识分子的良知与责任，促使黄祯祥主动请缨，向卫生部申请开展乙型脑炎的研究工作。在进行了大量的流行病学调查之后，黄祯祥带领科研人员开始了病毒分离、实验诊断方法的建立、乙型脑炎传播媒介昆虫生态学、乙型脑炎病毒特性等方面的研究，基本摸清了我国乙型脑炎的流行规律、传播途径及特点，并着重指出蚊虫是传播乙型脑炎的媒介昆虫。从最初研究死疫苗开始，到利用组织培养技术进行乙型脑炎减毒活疫苗研究，每一步研究成果的取得莫不渗透着黄祯祥的心血与汗水。1951 年，黄祯祥发表《北京市 1948—1950 年流行性脑炎流行病学调查研究》；1964 年，发表《流行性乙型脑炎病毒在小白鼠传代毒力变

黄祯祥在工作中

异的研究》。这两项研究成果填补了我国乙型脑炎的空白，推动了乙脑病毒的研究。1989年，乙型脑炎的研究获得国家卫生部科技进步一等奖。此时，黄祯祥已逝，获奖名单里也没有他的名字，但是他作为中国最早研究乙型脑炎的开拓者所取得的重大成果不应该被历史忘记的。

1954年，世界上分离麻疹病毒获得成功。用组织培养技术研制麻疹疫苗成为世界病毒学界探讨的重要课题。1961年，黄祯祥满怀热情精力充沛地投入到麻疹疫苗的研究工作中。他和著名儿科专家诸福棠教授合作，对麻疹病毒的致病性、免疫性进行了深入的研究。他们的合作推动了当时我国麻疹病毒的研究工作。此后，黄祯祥和他领导的麻疹病毒研究室对麻疹病毒血凝素、麻疹疫苗的佐剂、疫苗的生产工艺等方面进行了广泛研究。1978年，他发表了《福尔马林处理的麻疹活疫苗》这一重要论文。论文阐述了用小量福尔马林进行麻疹减毒活疫苗方法，在两天内就可以得到适宜的活疫苗。这一方法除时间短外，还免除了原有毒株的发烧反应，免疫效果很好，因此引起了医学界的普遍重视。这项研究成果1978年在第四届国际病毒大会上宣读。

"文革"后，黄祯祥再次忘我地投入病毒学研究中去。他致力于病毒免疫学研究，发表了《被动免疫对活病毒自动免疫的影响》等论文。在病毒免疫治疗肿瘤研究方面，他指导研究生进行探索性研究，先后发表了《不同病毒两次治疗腹水瘤小鼠的初步研究》、《病毒与环磷酰胺联合治疗小鼠瘤的研究》、《肿瘤抗巨噬细胞移动作用的研究》等多篇论文。黄祯祥这些研究成果无疑对寻找抗肿瘤免疫治疗肿瘤方法提供了有思考价值的线索和依据。

4. 献身"病毒学"

　　研究工作之余，黄祯祥还担任《医学病毒学总论》的主编。这是我国自己编写的医学病毒学总论，对医学病毒学的研究工作起了普及作用。黄祯祥还是《常见病毒病实验技术》、《中国医学百科全书·病毒学基础及实验技术》、《医学病毒学词典》等书的主编。

　　1983年，黄祯祥率中国微生物代表团应邀赴美参加第十三届国际微生物学大会。黄祯祥以杰出科学家身份，获赠美国丹顿市"金钥匙"和"荣誉市民"称号。

　　1983年12月，美国传染病学会授予黄祯祥荣誉会员称号，被载入美国出版的《世界名人录》。认为黄祯祥"奠定了现代病毒学的基础"，被誉为病毒学的第二次革命。

　　1986年4月11日，黄祯祥应中华医学会厦门分会的邀请，为厦门市100多名医务人员作了题为"肿瘤诊断新方法及病毒治疗肿瘤的研究"的专题报告。这是黄祯祥最后一次回到家乡鼓浪屿。鼓浪屿的旧屋犹在，是否又唤起了黄祯祥儿时的欢乐记忆？当年的家庭音乐会是否还琴声回响歌声悠长？

　　1987年3月24日，黄祯祥逝于北京。是年，他77岁！对于黄祯祥来说，生命实在太短暂，还有许多课题没有来得及做，还有许多研究还没有进行，还有许多领域等待去探索，但生命却已不可阻止地走到了尽头。

　　这个献身于病毒研究的人，在生命的最后时刻，竟提出对自己的白血病进行自身试验，以验证"病毒免疫治疗肿瘤"的实验研究结果。

　　世界著名的医学病毒学家、中国病毒学奠基人、中国科学院学部委员、中华医学会病毒会主任委员、中国预防医学科学院病毒学研究所名誉所长、一级研究员，所有的头衔与荣誉，都不足以讲述一个安详饱满的生命。生命虽逝，贡献永存！

参考资料：

1. 陈勤生：《黄祯祥》(《中国科学技术专家传略》医学篇·预防医药卷，中国科技出版社，1993.8)

2.《黄祯祥》(《福建现代科学家》)

3.《黄祯祥教授生平》(《厦门医疗卫生志》第40期，1987.10)

(本篇承黄婉清女士接受访谈，在此诚致谢意！)

剑桥归客
——禽病专家朱晓屏

也许，在鼓浪屿，或者更大的范围，朱晓屏这个名字，并不为多少人知道。但在世界生物学领域内，在英国剑桥大学的讲台上，他却是大名鼎鼎，众所周知。他是世界著名禽病专家、英国剑桥大学教授、联合国粮农组织顾问。更重要的是，他是一位地道的鼓浪屿人。

1. 树兰花脚下的小楼

树兰花脚，是鼓浪屿从前的地名，如今已少有人知了。鼓浪屿鸡母山下，一条小道北向蜿蜒下来，两边的楼房紧密相连，即使说不上逼窄，也绝对谈不上轩昂，自然难以与鼓浪屿鹿耳礁一带的高堂华屋相媲美。林文庆夫人殷碧霞捐建的讲道堂以下，一座尺方小楼偏立路口，二层，小院，红砖，几乎谈不上什么风格。几根细长的红砖柱子支撑着朴素的斜坡屋顶，留出二楼浅浅窄窄的阳台。小楼虽不起眼，却自有一种沉静和朴素的气质。

如果你知道从这幢小楼曾经走出去两个博士，就会明白这种气质并不是没有来由的。1918年农历四月，朱晓屏就出生在这

树兰花脚下的房子　（陈勇鹏摄）

幢小楼。两年后，朱晓屏的弟弟朱庆国也出生在这里。哥哥朱晓屏是微生物学博士，弟弟朱庆国是植物学博士。一门两博士，这在当时开近代教育风气之先的鼓浪屿也是少见的。

其实，朱晓屏还有一个名字，叫朱庆安。按朱氏家族族谱，他与弟弟朱庆国属于"庆"字辈，据说是朱熹第 29 代孙。清末民初，到他们的父亲朱金妆这一辈，朱家由厦门禾山迁到鼓浪屿定居。这一次迁移，改变的不仅是居住环境，更重要的是经济条件的转变以及由此带来的生活方式的改变。在鼓浪屿，朱家从世代务农转化为手工业经营者。据说朱金妆头脑灵活，腿脚勤快，学得一手皮鞋制作的好手艺，渐渐地就开了一家皮鞋店。上两辈的老鼓浪屿人都记得，当时鼓浪屿有一家名声响亮的"进步皮鞋店"，因为所制皮鞋采用生橡胶和轮胎做底，既柔软又结实，颇受市场欢迎。尤其是各国访鼓的洋轮航海水手，莫不以带几双"进步皮鞋"为乐。这样，"进步皮鞋"声誉卓著生意兴隆。朱金妆也被人们戏称为"朱进步"。"朱进步"的进一步表现是，在鼓浪屿树兰花脚下建起一幢小楼供一家人安居，从此朱家算是在鼓浪屿落下脚来。他还娶了世居鼓浪屿内厝澳，曾经拥有著名的"九十九间"的黄高生家族的女儿。这位缠过足，也上过女学堂，介于新旧之间的鼓浪屿女子，朱晓屏的妈妈，对朱晓屏日后的命运影响深远。

2. 烽火岁月求学路

　　本来这样的殷实人家，供孩子读书是没有问题的。可是父亲朱金妆生活方式西化，出手阔绰，作派大方，时常出入于当时名噪一时的鼓浪屿黑猫跳舞场。20世纪20年代末30年代初，正当朱晓屏与弟弟朱庆国在英华书院埋头读书的时候，父亲朱金妆却得了肺痨，不久就撒手而去。"进步皮鞋店"也被几个伙计趁机盘去。孤儿寡母，家道中落，一家人顿时陷入困境。

　　尽管家里经济困难，朱晓屏的母亲还是坚持送朱晓屏兄弟俩上鼓浪屿的名校英华中学。该校于1930年左右，由从文采风流的名士转变为基督教徒的沈省愚接替郑柏年出任第二位华人校长，发展成为闽南地区声誉卓著的名校。朱晓屏和弟弟朱庆国后来双双获得博士学位，是与英华中学打下的坚实基础分不开的。

　　1935年朱晓屏从英华中学毕业。因为没钱，他不得不辍学到厦门大学化学系实验室当校工。其时卢嘉锡在厦门大学化学系任助教。朱晓屏有机会旁听卢嘉锡的课。1937年，朱晓屏幸运地考上了福建省的"贫寒奖学金"。这笔钱使朱晓屏得以到南京中央大学畜牧病理学系学习兽医学。

　　其时正逢抗战爆发。在战火纷飞的岁月里，朱晓屏开始了漫漫求学路。他从厦门到福州，从福州到汉口，从汉口到重庆，一路搭小船，乘汽车，挤火车，还差点挨了轰炸，一路长途跋涉，风尘仆仆，千辛万苦，死里逃生，追踪中央大学搬迁的路线，历时几个月，才到学校报到。

　　在重庆用泥巴和竹子搭盖的简易教室里，朱晓屏和他的同学们开始了大学的学习。那些日子里，不时可听见有人在高声喊："化学系，试验器到了，派人去码头接。""图书馆的书又到

1945年朱晓屏赴英船上

了一批，请同学位们帮忙……"可是供生物系兽医学专业做实验的牛却迟迟没有运到。突然有一天，有同学欢呼："兽医系的牛来了！"原来这批牛在南京中央大学迁到汉口时就从南京出发了，可是因为一路无法搭车乘船，只好沿乡间小道一路走到汉口，再走到重庆，整整用了一年多的时间。

由于重庆也经常遭到敌机轰炸，1943年，中央大学兽医学专业又迁到成都。朱晓屏在成都读完大学。

1945年，随着二战的结束，英国又恢复接受中国留学生的政策。那年5月，朱晓屏以优异的成绩考取"庚款奖学金"，赴英国剑桥大学深造。

那时从成都去英国，要乘小型直升机经云南到印度，再乘船到英国。朱晓屏一行六人赴英留学生都是清一色的小伙子，求学心切，性子又急，硬是鼓动直升机飞行员在大雾弥漫下迎雾起飞。小型直升机飞不高，在云雾中时隐时现的云贵高原山峰中，一会儿直竖而起，一会儿调头转弯，朱晓屏他们心惊肉跳，晕头转向。飞机好不容易着陆了，朱晓屏他们正要舒口气，却发现飞行员瘫倒在驾座上，半天说不出一句话来。

经历了飞行之险，在云南和印度的高温下，朱晓屏他们总算

汗流浃背地到了印度。在印度等了 21 天后，被通知他们将在印度无限期等待，因为他们将要乘坐的那条去英国的船要去香港、菲律宾去接难民。前不着村，后不着店，语言不通，经费不够，人生地不熟，朱晓屏他们一下傻了眼。好在有关方面安排他们住进孟买的几户人家。朱晓屏他们白天去附近的学校听课，顺带学印度语。5 个月后，1945 年 10 月，朱晓屏终于踏上赴英国的航船，穿越印度洋，横跨地中海，过英吉利海峡，历时 15 天，到达英国。那年，朱晓屏 27 岁。从此朱晓屏在英国几乎一待一辈子。

1998 年 3 月，80 岁的朱晓屏跟采访他的《厦门晚报》记者谈到他烽火岁月中的艰辛求学路，却是一脸孩子似的天真笑容。

3. 剑桥学者

剑桥的康河曾因徐志摩那首著名《再别康桥》而美名远播："轻轻的我走了，正如我轻轻地来。我轻轻地招呼，作别西天的云彩。"徐志摩可能没有想到，在他离开剑桥 15 年后，一个喜欢他的诗的青年学子也踩着他的屐痕来到康河之畔。不同的是，这位青年完全没有他的轻松与浪漫。家贫国难，战火连绵，朱晓屏什么都不想，只盼能够早

1946 年朱晓屏泛舟泰吾士河

日学成报效祖国。

美丽的康河之畔，一定留下了朱晓屏勤学的步履；清清的康河之上，一定波动起朱晓屏思乡的情怀。在剑桥大学兽医学院，朱晓屏心怀理想，埋头苦学，以优异的成绩留在剑桥攻读博士学位。他拿到三年的研究金，完成了有关家禽急性传染病的博士论文。4年后，朱晓屏获剑桥大学微生物博士桂冠。1958年，朱晓屏率先在英国用无病菌鸡蛋培育出优良的鸡瘟疫苗，还在英国保留了一个几十年无病菌的小鸡场。

这顶桂冠使朱晓屏得以留在剑桥大学。一边为学生上课，一边进行动物病理学研究，朱晓屏在剑桥大学一待就是半个多世纪，由剑桥大学的一名助教、讲师而成为教授，成为剑桥大学动物病理系研究室副主任，成为联合国粮食组织顾问，成为国际著名的禽病专家，个中艰辛，寂寞孤独，可以想象。

4. 剑桥归客

剑桥不仅成就了朱晓屏的辉煌的事业，剑桥还带给朱晓屏最可珍贵的友情。朱晓屏人生的大部分时光是在剑桥度过的。可是这并没有磨灭朱晓屏对祖国的热爱，对家乡的深情。一旦机会来临，朱晓屏的一腔爱国热情就喷涌而出不可扼制。

1995年12月20日，厦门310路公交车上，77岁的朱晓屏教授与《厦门晚报》的一位年青记者一同前往他在灌口创办的"剑厦禽鸟保健研究中心"。这是辆开往漳州的小巴。朱晓屏在售票员的"照顾"下坐在发动机盖上，与农民挤挤挨挨，磕磕碰碰地赶往灌口。下了小巴，还得坐几公里的摩托车才能到目的地。一个1960年就在英国拿高薪的教授，一个近80岁的老人，在厦门12月的大风中，又挤公交车又坐摩托车，如此辛苦奔波所为何来？

12 年前，即 1983 年，同为鼓浪屿人的中国科学院院长卢嘉锡访问英国。他特别会见了朱晓屏——这个当年他的旁听生。两位生长于鼓浪屿的杰出科学家几十年后相逢于异国他乡，一定感慨万分。卢嘉锡以中科院的名义邀请朱晓屏回国访问讲学。1985 年 5 月中旬，朱晓屏应中科院及农业部之邀，回到阔别 40 年的祖国。结束了北京、上海、西安、广州等地的参观访问及学术交流等行程后，朱晓屏迫不及待地回到故乡厦门。

来不及打听故旧亲朋，来不及探访老家旧屋，朱晓屏每到一处首先要打听的是有没有鸡场，关心的是有没有鸡病。不是朱晓屏不通人情，而是他太想为故乡做一点事。朱晓屏认为，过去人们要求吃饱，现在人们要求吃好，这说明农业发展必然会引起食物结构的改变，不但要增产粮食，

1937 年 4 月厦大算化学会欢送卢嘉锡公费留英纪念 （王明理提供）

更要发展畜牧业，特别是家禽业。朱晓屏从此每一年都要回国一次。他在十多个大中城市培训讲学。他发现每一个地方的病毒都有所不同，并且中国的禽病病毒比美国等国强得多，疫苗也需随之增强。朱晓屏觉得光靠培训只能是"隔靴止痒"，非得亲自投身进去再大干一场不可。

1993 年，中国第一个禽鸟保健研究机构——剑厦禽鸟保健研究中心在厦门灌口落成。朱晓屏造福桑梓的愿望终于在故乡厦门实现了。

75 岁的朱晓屏像一个干劲十足的老农，卷起袖子就干。经费不够，他就把他在英国的公寓抵押出去，用所得的抵押款 5.5 万英镑补贴中心的经费开支。不仅如此，他还把他在剑桥的每月退休金 1500 英镑和联合国的 1500 美元补贴都搭进去了。

令朱晓屏感动的是，他的英国朋友、90 岁的罗顿医生和他的女儿罗顿夫人（Rosemay Summer）。有一次朱晓屏想回故乡厦门，可他囊中羞涩，跑到银行去问他的账户上是否还有 1000 英镑。让他惊奇的是，银行工作人员告诉他前天有人在他的户头上存了 5 万英镑。这个人就是罗顿夫人。原来罗顿夫人知道朱晓屏为了事业倾情投入，便默不作声地为他提供方便。还有什么比自己的朋友如此理解并支持自己更幸福的事了吗？多年后，朱晓屏跟《厦门日报》的记者讲起这件事，还发出孩子般的开心的笑声。

"以前我每月雇出租车，开销太大，坐这小巴也没什么。"朱晓屏不顾自己年届八十的高龄，为了这个禽鸟研究中心他真是豁出去了。

到 1995 年，朱晓屏在剑厦禽鸟保健研究中心灌口、漳州两处各 50 亩的土地上已投入人民币 300 多万元。朱晓屏不仅要建立无病养鸡场，还要自掏腰包送员工去充电——学电脑。他不仅自己天天看报听广播，还要求员工天天看报，了解时事。灌口站和漳州站分别拥有 24 名和 12 名工作人员。年龄从 16 岁到 50 多岁不等，加上朱晓屏自己，真正是"四世同堂"。所有的人吃住都在中心，朱晓屏将他们分为几组，有的务农，有的饲养，有的采血做实验，一天三餐外加夜餐由大家轮流下厨。朱晓屏像一个慈祥的家长，大家都非常敬爱他。

虽然朱晓屏苦心经营，但剑厦禽鸟保健研究中心却因为资金不继等原因，在取得一定的阶段性成果后，并没有在厦门落地生根，这可能是 2007 年初朱晓屏黯然离开厦门的原因。但剑厦禽鸟保健中心为厦门家禽业的创新和发展所作出积极贡献是不应该被忘记的。

朱晓屏还在鼓浪屿办了个剑厦培训中心。实际上，他这个培训中心是不赚钱的。给英国来的朋友提供一些方便，为中英友谊添一个桥梁，是朱晓屏办这个培训中心的初衷，"剑厦培训中心不以赢利为目的，能为发展中外文化做点什么，即使亏了本，我无怨无悔，还要坚持办下去。"在朱晓屏心里，他总觉得自己欠了祖国的债，欠了家乡的债。现在他是来还债的，所以即使亏了很多钱，他却心安理得，甘之如饴。

如果说朱晓屏倾尽所有，是在还对家乡欠下的债，那么一次"护照事件"，则无形中体现了朱晓屏对祖国的感情。很长时间，朱晓屏都没有加入英国国籍，一直保持中国国籍，仿佛只有这样，他与祖国的关系才不至于疏离。1949 年后，朱晓屏即将原国民党政府签证的护照上缴作废，因此成了一名无国籍的科学家。这给朱晓屏的工作带来了很大的麻烦。有一次，东南亚一个国家发生鸡瘟，邀请他去研究。虽然朱晓屏持有联合国的通行证，可是当地移民局却因为他没国籍（没有国家护照）而不许他入境。朱晓屏因此在机场待了一夜，结果错过了鸡瘟诊治的最好时机。朱晓屏对此十分遗憾，他说："有鸡病的地方，需要我去，但有'纸幕'阻隔而去不得，心里很难受。"这件事促使朱晓屏于 1984 年左右才最终加入了英国国籍。

5. 何处归程

"眼前的这位老人平淡无奇，谈笑风生中别有幽默风趣。"这是 1998 年《厦门日报》的一篇文章对朱晓屏的描述。每当说到高兴处，朱晓屏都会"发出孩子般开心的笑声"。只有心灵纯净，无私无欲的人才会有这样孩童般的笑容。

从他的故旧与知交的片言碎语中，从他不多的几幅照片中，朱晓屏的形象已深入我心。

1945 年 10 月，去英国的轮船上，朱晓屏留下了一幅照片，那年他 27 岁。高大，挺拔，英俊，健美，风采迷人。

1946 年，朱晓屏泛舟伦敦泰晤士河，风华正茂却独自一人。

1993 年，朱晓屏只身归来，在鼓浪屿办"剑厦门培训中心"，在厦门灌口与漳州办"剑厦禽病研究中心"。

如今（2011 年），93 岁的朱晓屏独自一人住在英国伦敦剑桥大学附近一家高级疗养院里，几乎不与外界联系。定居台湾的弟弟、嘉义农学院的植物学教授朱庆国博士担心独居的老哥，多次试图与朱晓屏取得联系，越洋电话几经辗转，才始知朱晓屏的现状。

来去只一人，故乡是异客。多少人不解，以朱晓屏之优越，何以孑然一身？深藏内心的隐痛不是我等外人俗人可以妄猜的。据朱庆国对鼓浪屿街道办干部谢达谦说，朱晓屏上大学前与一位在鼓浪屿教会的英国女子相恋甚深。可是这段异国情缘却为寡母以死反对。缠过小脚的母亲绝不允许儿子找一个金发碧眼的洋媳妇。朱晓屏大孝，实在不忍违背寡母之意，从此挥剑斩情丝，与心爱的姑娘长别离。母亲于上世纪 60 年代病逝。年近半百，长居英国的朱晓屏也从此心如止水，了断尘缘。为了这个，弟弟朱庆国一直不肯原谅母亲当年的坚执与绝决。

朱晓屏是性情中人。"朱晓屏很孝敬他母亲，当年他考上庚款留学，一下子把发给他的制装费悉数交给母亲做生活费。改革开放后，他弟弟朱庆国夫妇回鼓浪屿探亲，不幸弟媳翁启颂在鼓浪屿逝世。朱晓屏跪在弟媳的遗体前，亲吻弟媳的前额，并叫弟弟朱庆国也这样做。"今年86岁的黄猷先生（福建省社科院原副院长）给笔者讲起朱晓屏的往事，不禁故人怀念，唏嘘感叹。

朱晓屏生活简单。三餐所食不过粗茶淡饭，养生之道不过乐为喜爱之事。比如他对古典音乐的痴迷与陶醉。普契尼的歌剧《蝴蝶夫人》、《托斯卡》，法国歌剧《卡门》，贝多芬、莫扎特、柴可夫斯基的交响曲，陪伴朱晓屏的每一个夜晚，从不间断。这大概是早期许多鼓浪屿人的共同雅好吧！

参考资料：

1. 王晓虹：《来自剑桥的赤子之心》(《厦门日报》1998.4.11)

2. 朱晓屏口述，华屿撰文：《烽火岁月求学路》(《厦门晚报》1998.3.24)

3. 姚凡：《剑桥归来的博士》(《厦门日报》1997.1.17)

4. 李林邦，黄廉文：《情倾故乡，执著事业——访禽病专家剑桥大学教授朱晓屏》(《厦门晚报》1996.8.20)

5. 陈心华：《挤公交车的剑桥老教授》(《厦门晚报》1995.12.22)

6. 陈素卿：《把爱情奉献给科学》(《厦门日报》1985.6.29)

（本篇承黄猷先生、何丙仲先生、谢达谦先生接受访谈，在此诚致感谢！）

天涯孤客
——生化博士陈慰中

鼓浪屿有一条笔山路。笔山路绵延曲折，由东及西，自北而南；笔山路起伏有致，由低及高，拾级而上；笔山路优雅幽静，叶茂绿深，高墙短垣；笔山路楼宇疏落，夕阳照壁，可观彩霞；列举曾经的居民，林文庆、郑柏年、郑德坤、许春草、许斐平、许斐星、许涧等等，或为文化名流，或为音乐俊才，或为社会名士，或为华侨富商，笔山路之雅量高阔，意味深长可见一斑。

笔山路10号陈慰中旧居 （陈勇鹏摄）

春草堂之下，笔山蜿蜒处，红砖白墙朴实无华的一幢别墅，是笔山路10号。这幢别墅少有人提起，也难有人问津。一幢普通的欧式三层楼房依山而建。闽南条石与清水红砖，简洁朴素的构造，不大的庭院宁静而舒朗。

新漆一遍遍刷过，旧时颜色早已模糊难辨。多少年了，这里的住客换了一拨又一拨。而在这幢楼的二层，曾经见证过一个人的童年与少年，他的欢乐与忧愁，已如细纹，深刻于檐角墙间，难以磨灭。

这个人就是陈慰中。

陈慰中，即使这个名字有点陌生，但却一点也不妨碍他给鼓浪屿带来的光彩。只要稍微列举一下他的几个头衔，就可以知道他为鼓浪屿所带来的骄傲：美国印州大学生物化学博士、英国圣·约翰神学院神学博士、英国牛津皇家显微学终身院士、英国伦敦帝国癌症研究员、加拿大皮尔逊国际学院的生化系主任、加拿大中华学院创立者及院长、加拿大第一所全日制中医学院创立者、加拿大维多利亚市荣誉公民、北京大学中草药文化书院终身导师等等。

如果说这些都还不够，那么他对中国传统文化的非同寻常的研究和不遗余力地传播，他对家乡鼓浪屿一往情深的热爱，他打动人心的睿智与幽默，则足以使鼓浪屿无论何时都以他为荣。

1. 鼓浪屿的孩子

1930年1月6日陈慰中出生在鼓浪屿。祖父陈光清是福建漳平永福镇福新村的秀才，年青时皈依了基督教。卓有远见的祖父临死前交待祖母，一定要把独生子送到鼓浪屿读书，才有前途。祖母含泪变卖了家中仅余的一亩薄田，再向亲友借贷，好歹把独生子送到鼓浪屿，就读于美国归正教会创办的寻源书院。

如果说陈慰中的父亲来鼓浪屿得益于祖父的远见卓识，那么陈慰中的母亲来到鼓浪屿则受惠于教会的恩典。作为漳州平和小溪乡一户张姓普通人家的头生女，陈慰中母亲被乡里视为不幸，颇不召人待见。算命先生建议不要养她。正好这时一个在鼓浪屿毓德女校管理宿舍的"姑娘"到平和探亲，得知这一情况，就跟陈慰中的外祖父外祖母说，如果你们不要这个女孩，我可以将这个女孩带到鼓浪屿送给女校的"姑娘"们。而这些的"姑娘"们因为献身教会，终身不嫁，没有育婴经验，只好雇了一个奶妈来照顾这个女婴。陈慰中的母亲就是这样在毓德女校长大的。所以陈慰中在他的博客《信而好古》中说，他的父母亲都是教会学校培养出来的。

女校与寻源书院一墙之隔。一次女校的一栋教学楼着火，寻源书院的师生们义不容辞地跑来救火。不想这次大火成就了一段良缘。陈慰中的父亲与母亲在大火中初次相识，从此暗结情愫，后来喜结连理。陈慰中就是他们第一个爱情的结晶。

父亲神学院毕业后，成为陈牧师。可是，父亲显然没有满足祖父对于"前途"的期望。接下来的几年，陈慰中的弟妹接二连三地到来，家中经济十分困难。抗战前一年，父亲去南洋谋生，那时陈慰中才五六岁。小船将行，父亲与朋友话别，小小少年陈慰中躲在船头偷偷流泪，"别哭，你爸爸很快就回家了。"父亲的朋友安慰着这个伤心的少年。如今年过八十的陈慰中还记得，当年在小船上流着泪送父亲去南洋的情景。

父亲这一走八年。因为二战末期日本在海上被盟军封锁，父亲从东南亚寄给家里的侨批中断，慰中和母亲及弟妹们都陷入了贫困。尽管如此，陈慰中还是有机会在英国教会主办的英华学校读书。因为缺米缺肉，一日三餐不过稀饭土豆，陈慰中时常饿得发晕，上数学课常常打瞌睡。用陈慰中的专业术语来说，就是缺少蛋白质，脑力不足，只能勉强读点书。有一次太饿了，陈慰中在宿舍里面就偷吃了同学的红烧肉，还带一块回家给妈妈吃。"因此，回顾过去，朋友和家里人都说我有孝心并且对穷人有同情心。"陈慰中 2007 年在一次北大的演讲中讲起鼓浪屿童年往事，不胜感慨。

这样贫困的家庭，留给陈慰中的除了营养不良还有基督教的教义。虽然贫穷还是让陈慰中颇感自卑，在学校和教堂抬不起头，但这并不妨碍他在鼓浪屿获得最初的音乐熏陶。每天上学与放学，走过鼓浪屿弯弯长长的小巷，总有优美的琴声从庭院深处传来，而教堂里的圣诗也感动着陈慰中幼小的心灵。后来陈慰中在学校的合唱团里唱男低音，最早的几首英文歌就是那时候学会的。岛上浓厚的音乐氛围，让陈慰中从小就养成一种良善的慈心和同情心。

陈慰中与母亲和弟妹们在鼓浪屿望穿秋水，翘首以盼。笔山路与鼓山路交叉口的一块石头上，每一天的早晨，都站着少年陈慰中。鹭江海面上，每一艘轮船经过，都逃不过少年陈慰中的眼睛。"记住，孩子，只要第一班菲律宾开往厦门的万福士号一停靠太古码头，你就来告诉妈妈。你爸爸一定在船上。"妈妈对爸爸必定归来的信心就像信仰一般坚定。终于，有一天，万福士号抵达厦门太古码头。母子俩在船舱里到处寻找自己的亲人。母亲的话没错，陈慰中的父亲就在这艘船上。"你是慰中吗？"父亲摸着慰中的头，一下子不见了。陈慰中和母亲在甲板上等了好久。后来陈慰中才知道，他爸爸到甲板下自己的房间里去哭了。一会儿，父亲洗完脸上来，很严肃地问慰中："成绩好不好？"陈慰中嗯嗯嗯地点头，同父母一同回到笔山路的家。多年以后，65岁的陈慰中博士在何丙仲先生的陪同下，特地寻到当年那块石头，遥望当年父亲归来的港口，如今唯有海风吹拂，海鸥飞翔。

2. 求学传奇

父亲从南洋回来，已不再是当时的穷牧师了，而是拥有几百英亩橡胶林的百万富翁了。1945 年，陈慰中随父亲迁往南洋。

辗转几个地方之后，陈慰中被父亲送到马来西亚槟城钟灵中学读书。可能因为"先天不足，后天失调"，陈慰中连留两级。正当陈慰中要立志好好读书，成绩直线上升的时候，突然父亲来了个电报说："生意破产，马上回家。"原来父亲的橡胶林变成了罐头厂，因为罐头密封不好，发生爆炸，一个星期之内就破产了。陈慰中被迫停学。1946年，16岁的陈慰中被父亲送到马来西亚和泰国边境上一个小学校教书糊口。高中没有毕业，并且留级两次，陈慰中就这样去教小学了。

没想到小学也很不安宁。父亲也意识到让陈慰中过早参加工作实为不妥。1949年，陈慰中再回鼓浪屿。这次，陈慰中以第一名的成绩通过英华中学的复学考试。可是没有等到英华中学的秋季开学，陈慰中就随全家乘船到了香港。

在香港，陈慰中为了维持全家人的生活，无法继续自己的学业，被父亲安排在一家教会办的制药厂打工。20岁的陈慰中已然成为家中经济的顶梁柱了。

就在这时，一件浪漫的事第一次改变了陈慰中的人生轨迹。一个上海姑娘，漂亮、雅致，与陈慰中两情相悦，婚嫁有意。香港街头的公用电话，姑娘打了一个小时的长途，上海的父母就是不同意这门婚事。理由是，陈慰中连大学文凭也没有。连大学都没读怎么可以养家糊口怎么可以谈婚论嫁怎么可以事业有成呢？绝望的陈慰中发誓今生今世一定要读大学。可惜，光有誓言是不够的。没有大学肯接收连高中文凭都没拿到的陈慰中。

陈慰中要读大学的坚定决心打动了一个美国传教士的心肠。他向美国圣路易斯安娜大学推荐了陈慰中。圣路易斯安娜大学同意陈慰中先试读一年。凭着英华中学扎实的英文和数学功底，和"头悬梁，锥刺股"的中国式苦读精神，陈慰中的大学梦终于如愿以偿。1955年，25岁的陈慰中与十七八岁的小学弟小学妹们一起坐在了大学的课堂里。

或许是美国的牛奶和鸡蛋起了作用，自称以前留了三次级的陈慰中，三年之内却把本科物理读完了。陈慰中从此一发不可收拾，每个夏天都不休息，留在学校读书，成绩稳居全班第一，一路拿下物理学士、生物硕士、生物化学博士。这还不够，除了英语与中文外，陈慰中还学德语。另外，因为他在博士期间给一个希腊老教授当保姆，顺便学会了古希腊语。而这

陈慰中

无意间为陈慰中下一步的学习奠定了基础。

获得博士这一年，陈慰中 36 岁了。父亲陈牧师为此高兴得一个月睡不着觉。威斯康星大学聘请陈慰中当副教授，研究显微学。一切很好，前途光明。可是生活再次在这里拐弯。

陈慰中突然决定去英国读神学院。据陈博士自己说，去英国读神学院，一是因为美国在越南打了败仗，他不愿意被美国军队征去当兵。二是因为当时美国在越战失败的历史背景下，无论是教授还是学生，都在追问人生的目标和意义，思考宗教的本质与价值。而英国有着不同于美国的文化传统和价值观。除了这些时代原因，恐怕陈博士还有无法言说的个人痛苦。再一次遭遇心爱的女郎，美丽的金发女郎，博学多闻的印第安纳州立大学生化系女助教，热恋多年，却丧生车祸，香消玉殒。主啊，命运为什么这么残酷？只有到上帝那儿才能寻找慰藉。

一切都仿佛是命运的安排。一直在思考宗教、上帝和生命的陈慰中遭遇了一次在威州邻省举行的神学讲座，要去上神学院的念头便不可遏制。刚好闲谈中，邻座一个英国女孩提供了一家神学院的名字，陈慰中就放弃一切，副教授不当了，房子、车子卖了，一路投奔而去。1967 年，陈慰中正式成为英国圣·约翰

神学院的学生。圣·约翰神学院要求学生至少学过三年的古希腊文，陈慰中跟希腊人当保姆学来的古希腊语，这个时候正好派上用场。神学院的学生都是来自于剑桥、牛津的毕业生，他们再到这里读三年，其实就是一个研究院。

可见能被英国圣·约翰神学院接收为学生，一定都不同寻常。而毕业后，能得到英国大主教的按立而成为英国国家教会的牧师是一个人一生最高的荣誉。可是这无上的光荣只有英国国民才有资格享有。除非陈慰中成为英国皇家院士，才有破例的可能。奇迹再一次在陈慰中身上显现。因为陈慰中在生物化学方面卓越的成就，被英国伦敦帝国癌症研究所选为院士。

"在圣保罗大教堂被按立为英国国家教会牧师，当时的场面很壮观，只可惜我父母没有在场。"陈慰中博士讲起当时的场面，仍然是没有理由不激动的。

3.皮尔逊学院的中国教授

被选为英国帝国癌症研究所院士，当上了英国国家教会牧师，以及其他的头衔，陈慰中在英国的社会地位和经济地位都高人一等。相对于当时其他牧师的 700 英镑年薪，陈慰中每年 3000 英镑的院士津贴是绝对的高收入了。

工作环境优越，生活条件优越，有分量的学术论文也发表五十几篇之多（其中生物化学方面 40 多篇，哲学论文 10 篇）。可即使是看起来这么舒适惬意的日子，陈慰中还是感觉到了内心的空虚。难道人生的意义就是这样吗？他觉得不能在英国过这样的日子了。陈慰中想家了，想在美国的父母了。他决定回美国看望父母。

临行前，陈慰中饮水思源，按中国人的礼节，去跟英国伦敦大主教告别。陈慰中跪在大主教的面前，请求为他降福。就在他起身打开门，准备离开大主教的办公室的瞬间，大主教的一句话让陈慰中的命运再次发生了转折性的变化："我的孩子，我有一个问题要问你。你愿不愿意到加拿大维多利亚去？"陈慰中高兴地大叫："我愿意！就是去扫地我也愿意。"就这样，陈慰中成为加拿大维多利亚市皮尔逊国际学院生化系主任。只有同时兼具了科学家和神学家的身份，才有可能获得英国王室和大主教的推荐。陈慰中的博闻强记与真才实学再次给他带来了好运。

加拿大皮尔逊国际学院，是英国女王陛下的叔叔蒙巴顿勋爵在加拿大创办的第一家国际学院，位于四季如春、风景宜人的维多利亚市。1973年学院开办时就有从30多个国家选送的100多名学生。受当时萨特存在主义思想的影响，在老师们的灌输下，学生们相信每个人都有自己决定价值的自由，每个人只为自己的前途负责。在这种思潮的影响下，学生们在冬天寒冷的早上都不肯起来上第一节课。他们振振有词地说，他们这是在实践存在主义，按他们自己的行为准则做事，缺几节课无所谓，陈慰中对此非常生气。遗憾的是，皮尔逊学院的大多数老师居然也认为这件事该由学生自己决定。陈慰中忍不住站出来大声疾呼："按时上课是一条必须遵守的校规。学生如果这样下去完不成学业，必然影响到学院的声誉。按照中国的传统道德观念，学生应当尊重老师，刻苦攻读。如果校方真的允许学生随意缺课，我坚决要求辞职！"陈慰中这一番慷慨陈辞，终于令校长宣布"学生不得无故缺课"。不仅如此，学院的许多外国教授还找到陈慰中，向他请教中国古代传统文化。陈慰中认为教育不仅是要向学生传授先进的科学知识，更重要的是要培养学生完善的人格。他提倡学生课余应当为社会服务，特别是到养老院为病残人做事，慰问孤寡老人。这一倡导显然卓有成效。学生们追随陈慰中，课余为一些需要帮助的人群服务。他们不仅学业没受影响，反而学习热情高涨，精神也很愉快。学生们把这项有意义的活动称作"中国活动"、"孔夫子活动"。陈慰中成为皮尔逊学院最受欢迎的教授和系主任。

4. 中华学院及中医合法

　　一个受学生欢迎的教授，一个年薪5万加元的系主任，却于1985年出人意料地向皮尔逊国际学院提出辞职。这年陈慰中刚55岁，距加拿大规定的退休年龄还有10年。是什么再次改变了陈慰中的人生轨迹？是1976年的一次回国访问？还是1983年的一次在美国举行的中国古代科技展？对中国传统文化的潜心研究与比较，对中国古代科技的迷恋与崇拜，陈慰中要为中国文化和科技做点什么的冲动一发不可遏制。

　　陈慰中做的第一件事是，创办加拿大中华学院。当时，在加拿大私人办学并不是一件容易的事。陈慰中不管那么多，在加拿大俾诗省退休注册部副部长约翰·斯特里赫先生的帮助下，加拿大中华学院于1984年4月27日正式成立。但是，除了陈慰中和斯特里赫先生的一腔热情外，学校一无所有。

　　当时中国正是改革开放初期，对外贸易成为中国经济增长的热点。陈慰中预见到了这一点。1984年，陈慰中受邀在加拿大五大银行在维多利亚大学办的培训班毕业典礼上演讲。他指出加拿大今后的对外贸易金融合作将由欧洲转向亚洲，特别是中国。银行家们对此深表赞同，表示愿意为中华学院提供赞助，用于培训中国的金融家、贸易家和经济学家，建立中加友好关系，为日后开展中加贸易友好合作打下基础。这样中华学院的经贸班就开始向中国招生了。

　　陈慰中认为中医是中国传统文化很重要的一部分。他想在中华学院开办一个中医班。温哥华的一个针灸学会得知这一消息就主动与他联系，表示愿意为未来的中医班担任教学工作。中医班的事有了眉目，中华学院刊出了第一份招生简单。

可是就在这时，五大银行突然变卦，说跟中国的金融贸易交流的经贸班不办了，当然经费也就没有了。眼看首批从中国来加拿大中华学院读书的学生已在北京办理签证，而直到1985年夏天，中华学院的校舍依然没有着落，这可急坏了陈慰中。

屋漏偏逢连夜雨。正在陈慰中焦头烂额之际，皮尔逊国际学院认为陈慰中在担任该校教职的同时再创办中华学院是不适宜的。是要保住自己在皮尔逊国际学院5万加元的年薪，还是为弘扬中华文化的事业而破釜沉舟，陈慰中毫不犹豫地选择了后者。1985年7月，陈慰中正式向皮尔逊国际学院提出辞职。

陈慰中立志自己办学校。他卖掉了自己早先购置的两幢房子，后来又卖掉了另外三幢，只剩下了一幢临海小楼供自己居住。经过三年的努力，中华学院终于有了一定规模。教室宽敞明亮，阅览室宁静舒适，电脑室、门诊部和中药房一应俱全。

一个人能有如此成就已足以自豪，而更让陈慰中自豪的是，中医在加拿大的合法化。在加拿大中医原本是不合法的。加拿大是一个多元文化的移民国家。陈慰中认为不让中国人在加拿大弘扬五千年的中国文化是违反人权的。他准备通过法庭、通过舆论向加拿大政府据理力争。他找到有关部门，对他们说，中国的中医是几千年来人类文明的结晶，标本兼治，不仅是医学，而且是一种人文思想。就这样，陈慰中凭着诚挚的态度和出色的口才，争取到了在加拿大教授中医的权利。1985年，陈慰中开设了加拿大第一所全日制中医专业。

从此，陈慰中把中医文明的种子播向了全世界。他把一群西方人培养成真正的中医医生，使中医走向西方世界，产生了不可估量的影响！

这么多西方人成为了中医医生，更多的西方人见证了中医的神奇疗效。加拿大政府想沉默也沉默不了了。1996年，在加拿

陈慰中与加拿大中医学院第一届毕业生合影
（中立着白色长袍者为陈慰中）

大中医学院的毕业典礼上，加拿大卫生部部长特地赶来了，他在演讲中宣布："加拿大政府已经承认中医，中医在加拿大正式合法了！"话音刚落，瞬间的寂静之后，全场爆发出暴风骤雨般的热烈掌声！

1999 年 6 月 22 日，加拿大 BC 省又正式把中医的针灸治疗纳入医疗保险计划。中医在西方正式合法并被纳入社会医疗保险体系，是个破天荒的奇迹！

5. 智倾查尔斯王子，结缘李约瑟博士

陈慰中的一生中充满了一个又一个奇迹。与查尔斯王子结识，与李约瑟博士结缘，无不充满了传奇色彩。

1979 年，查尔斯王子接替被刺杀的蒙巴顿上将，成为加拿大皮尔逊国际学院新任主席。查尔斯王子于当年 4 月访问皮尔逊国际学院。校方当局甚是紧张，要求大家都着各自国家的国服。陈慰中想汉服唐装是没处找了，只好找了套蓝色的四个兜的中山

装穿上。这套装束果然吸引了查尔斯王子的眼球。只见查尔斯王子径直走到陈慰中面前。于是王子与陈慰中之间发生了以下有趣的对话：

"你是共产党吗？"王子问。

"你想知道我是谁吗？我就告诉你我是谁，我是大英帝国教会的圣品阶级牧师，还是院士……"陈慰中答。

"请问一仆如何侍奉二主呢？"王子笑道。

"王子陛下请注意，你看我有几个口袋？"陈慰中问。

"四个！"王子答。

"这个口袋，是《圣经》；这个口袋，是马克思的《资本论》；这个口袋，是孔子的《论语》；最后这个口袋是莎士比亚的作品。"陈慰中笑嘻嘻地跟王子解释说。

"我们英国人称这个为妥协"王子说。

"德国人称这个为综合，中国人称这个为中庸。"陈慰中对答道。

"好极了，好极了！我很喜欢讨论哲学，我在剑桥的时候最感兴趣的就是哲学和历史。你今天下午有没有空，我们讨论哲学。"王子很是兴奋。

当天下午，查尔斯王子取消所有原定计划，与陈慰中展开了一场关于哲学和中庸的谈话。

王子还应陈慰中的请求，接见了陈慰中领导的参加社会服务的学生们，并与他们一起愉快地交谈。"王子对大家说：'国际学院教育的目的是什么？国际学院教育的目的是为有需要的人服务。'所以今天全世界十二个国际学院里，为有需要的人服务成为一门必修课了，这是从我开始的，王子宣布的，所以我现在问心无愧。"陈慰中 2007 年在北大的演讲中提到这段往事，还是很开心得意。

如果说陈慰中与查尔斯王子是一见倾心，精彩纷呈，那么与

陈慰中著作《中庸辩证法》封面

国际著名生化学家和科学技术专家李约瑟博士（1900—1995）的交往则是君子之交，久而弥笃。

1974年，李约瑟博士专程访问皮尔逊国际学院。陈慰中因为李约瑟博士对中国历史文化的浓厚兴趣，对中国古代科技史的深入研究，而由衷钦佩他，渴望与他相识。在朋友的引见下，陈慰中终于得到单独拜见李约瑟博士的机会。他们一见如故，倾心交谈，建立了长久坚固的友谊。李约瑟博士对陈慰中的中庸辩证法这个哲学命题很感兴趣。1983年，陈慰中的《中庸辩证法》英文版在加拿大出版。第一版样书陈慰中就呈送给李约瑟博士。1984年陈慰中创办中华学院，李约瑟博士欣然担任名誉院长，为这所海外弘扬中华文化的学校提供了许多具体的帮助。1990年陈慰中创办李约瑟中国古代科技博物馆。

6.校歌余音

今年已年过80岁的陈慰中博士依然为中西文化交流奔忙，往来于世界各国，穿行于各种文化之间，思想不止，笔耕不辍。

突然间想起何丙仲先生讲的那个故事。1976年，阔别祖国20余年的陈慰中博士，随加拿大代表团第一次踏上祖国的土地。飞机降落天津机场，激动万分的陈慰中博士以为是北京首都机场。一下飞机就跪倒在机场的土地上，虔诚地在胸前大画十字，俯身狂热地亲吻祖国的土地。正在不可开交之际，一双黑亮的大头皮鞋蓦然出现在他眼前："先生，你需要帮助吗？""大头皮

永远的校歌——陈慰中（左四）与同学们合影，左三为林世岩
（林世岩提供）

鞋”客气地问。“走开，你没看见我正在爱国吗？”陈慰中博士
没好气地说，当然，用的是英语。

"我正在爱国！"——这不正是陈慰中博士终生不渝永远都正
在进行的事情吗？

2000 年的一天，70 岁的陈慰中重回鼓浪屿。夜深，陈慰中
与他一位英华中学的同学林世岩找到母校旧址。两位年届古稀的
老人，坐在母校的石阶上，在鼓浪屿的海风月光中唱起了当年的
校歌，轻轻地，慢慢的……

一如当年，在美国，在母亲的病床前，陈慰中握着母亲的
手，与母亲一起唱起他们共同的校歌，轻轻地，慢慢地……

> 乐群敬业，荟此良才，专诚尽智，着意培栽，
> 英华，勉哉英华！
> 信不厌不倦，有心哉，英雄胜迹剩此荒台，狂
> 澜谁挽，慷慨予怀！
> 当今之世，敢不勉哉？英华！当今之世，敢
> 不勉哉？英华。
> 驼峰雄耸，鹭海展开，山明水阔，学子胸怀，

英华，勉哉英华！

要高瞻远瞩，俞骛驰，登高自卑学问无涯，诚
唯敬一，智从学来。

当今之世，敢不勉哉？ 英华！ 当今之世，敢
不勉哉？ 英华。

参考资料：

1. 陈慰中：《浪迹——一位美籍华人的经历》(人民教育出版社，
   1992 年)

2. 何丙仲：《鼓浪屿的儿子》(《厦门晚报》1995 年连载)

3.《信而好古》(陈慰中博客)

4. 2007 年陈慰中北大演讲（网上资料）

(本篇承黄猷先生、何丙仲先生、林世岩先生接受访谈，在此诚
   致感谢！)

敬恭桑梓
——经济学家吴宣恭

　　2009年中秋，我有幸与人民大学厦门校友会会长吴宣恭同桌共进晚餐。我们都夸他身体棒，精神好。不想他说他可是个老病号，心脏做过搭桥手术，但有一点好，就是不管什么时候，"文革"挨批斗还是上台做报告，他从来没有睡不好觉。我知道吴会长是厦门大学经济学教授，博士生导师，原党委书记，副校长。而他的鹤发童颜、风度翩翩，他的和蔼可亲、笑容可掬，给我留下了深刻的印象。

　　吴会长得知我住鼓浪屿，便说他也是老鼓浪屿人呢。我闻之窃喜，仿佛他乡遇故知，又仿佛猜想被证实。居鼓浪屿久，对于鼓浪屿的过往今昔便心怀好奇，对鼓浪屿的人是物非便心有感知。

　　2009年12月的一个下午，在厦门大学北村吴宣恭教授宽敞典雅的家里，吴教授愉快地回忆起他从前在鼓浪屿求学的点点滴滴。

1. 童年时光——养元小学

吴宣恭祖籍晋江安海。1933年，3岁的他随母亲到厦门与父亲团聚。1938年，厦门沦陷前夕，与当时许多人一样，为了躲避敌寇的蹂躏，吴宣恭随父母迁居"万国租界"的鼓浪屿，成为鼓浪屿养元小学三年级的一名小学生。

虽逢战乱，鼓浪屿居民凭借租界的"保护伞"，依然可以安然度日和求学。在美国归正教会创办的养元小学，每天早晨孩子们都要先参加"朝会"，听老师讲圣经，祷告，唱圣歌，然后才正式上课，开始一天的学习。每个礼拜日，孩子们都要到"三一堂"做礼拜。辅导老师也带着孩子们到处做游戏，讲基督教的故事，分发耶稣受难、使徒活动、摩西十戒等富有基督教色彩的西方名画的小图片。浓厚的教会色彩感染着儿童纯净的心灵。吴宣恭教授讲起上小学时的情景，言语中透出几许赞许："我不是基督徒，也不信奉佛教。但孩子心灵空白好画图，小学的基督教色彩是我们早期的道德启蒙教育。同学中很少互相嫉妒，更少发生打架斗殴之类的事情。我们尊重老师，和同学互相爱护。"

英语自然是必学科目。语文与算术也并驾齐驱。在养元小学，吴宣恭打下了扎实的文化基础。老师还教学生用罗马拼音法写闽南话（他说，有了这点底子，在解放后推广汉语拼音时，他很快就掌握了）。英语教学是鼓浪屿教会学校的优势，学校抓得很紧。英语课有时就由外籍的牧师娘上课，华人老师的英语也颇为地道。这些都使学生有了良好的英语基础。吴宣恭以后选择了英文作为他大学的主要专业，与此不无关系。而在以后的经济学研究中，特别是在担任世界银行大学发展项目中国专家组工作时，英语更是为吴宣恭提供了有力的工具支持。

如果说英语让吴宣恭受益匪浅，那么音乐则让吴宣恭受益终生。和其他教会学校一样，养元小学有浓郁的音乐氛围。每天上课前的朝会，孩子们都要在老师的带领下，用闽南语唱外国名曲改编的圣歌。《圣诗300首》、《150首圣诞歌》以及《101首世界名歌》，都成为吴宣恭青少年时期美好的记忆。音乐课并不比现在多，也只是每周一次。吴宣恭至今还记得音乐老师用一个英文句子"go down and eat breakfast"教他们记五线谱的音调标记。与普遍的印象不同的是，鼓浪屿并不是钢琴的天下。吴宣恭教授说，那时鼓浪屿其实有很多同学喜欢吉他，喜欢吹口琴的人也很多。只有家境比较好的同学才有钢琴，小提琴也不多。不管是吉他还是钢琴，不管是口琴还是小提琴，鼓浪屿飘扬的琴声，才是使吴宣恭熏陶其中，成为一个终生音乐爱好者的真正原因。"每当工作繁忙，极度劳累时，静静地听音乐就成了我最大的享受。"吴宣恭教授欣慰地说。

2. 战乱记忆——英华中学

1941年，吴宣恭顺利升入英华中学。英华中学自1938年厦门沦陷后由英国长老会管理。英国人李乐白（MR.Robert Tally）任校长。英华中学的第二位华人校长沈省愚退居教务长。1936年，沈省愚加强校园建设，将一座二层校舍增建为三层大楼，还添置体育室，开辟篮球场及排球场。1936年秋兴建"百友楼"，用作图书馆。拓展大礼堂前面的荒地，使校园面积达到3900余平方米。与此同时，

英华中学学生吴宣恭
（吴宣恭提供）

沈省愚倡导科学化、纪律化，实施基督化教育。

吴宣恭入学的时候，已是太平洋战争爆发前夕。尽管如此，英华中学的教学和各项课余活动还是能正常进行。虽然是教会学校，但同学们的抗日爱国热情一样高涨。吴宣恭还记得他们还成立了一个剧社，排练演出抗日剧目。"因为没有女生，所有的女角色都由男生扮演。我的一位好朋友在学校剧团里男扮女装，演出非常成功，吸引了不少男女青年'粉丝'"，吴宣恭说。1941年12月8日太平洋战争爆发后，英华中学被日本人接管，改为"厦门第二中学"。日本人将英语课改为日语课，其他科目变动不大。但是教材采用日伪政府的教材。吴宣恭和同学们在日军的控制下，学了两年的日文。大家对学日文抵触情绪很大。上日文课心不在焉，胆大的学生变着花样跟日文老师捣乱。教师就故意挑选个头大的学生，叫到讲台前用"柔道"教训他们，杀鸡儆猴。"那时学风就没有以前好了。先是日文考试几乎人人都作弊，然后这种歪风也逐渐传到其他课程。学生也开始给一些不喜欢的教师起绰号。"吴宣恭讲起那时候的事情，又无奈又好笑。

在鼓浪屿，吴宣恭家先住福建路L58号，与洪卜仁家住同一幢楼。"记得我们家对面就是'海天堂构'。我们住房的主人是华侨，还雇了'玛达'(即印度籍巡捕)看门。"以后，吴家迁到鹿礁路新路头附近。1941年12月8日，太平洋战争爆发，"那天早晨，我从阳台就看到日本人的博爱医院屋顶上关满了人，有外国人也有中国人"。吴教授回忆起日本人在鼓浪屿的恶劣行径仍然愤慨不已："从那以后，我们路过日本领事馆，都得向门口的哨兵鞠躬，不然，就会被打耳光，动不动就是'八格牙路'。"

鼓浪屿在日本占领期间，商业凋零，物资紧张，经济萎缩，居民难以为生。富商名绅或远走海外，或苦苦支撑。而平民小贩则无路可走，只好各回原籍，自寻出路。吴宣恭的父亲原来经商，生活尚好。他父亲存了一批汽油、火柴等货物在鼓浪屿康泰坡的仓库。有一次内地特工人员到鼓浪屿袭击日军，日本人就借机将仓库的东西全部没收，此后吴宣恭家里的生活就比较困难了。1944 年，刚念完初中的吴宣恭和家人，不得不逃难离开鼓浪屿返回安海老家。

吴宣恭一家雇了一艘小舢板，半夜从鹿礁路新路头下海，逃离鼓浪屿。他们本来要到嵩屿对面的大屿岛，却因为天黑和船工心急，误划到旁边的火烧屿。岛上无水无食，真是饥寒交迫。他们随身带的肥皂、毛巾都拿来跟东屿过来的渔民换水和食品了。过了一个星期，国民党的驻军才同意逃难的人登陆，但要列队检查。检查者是一个营长太太，她看到药品、鞋袜、热水瓶等一些稍微值钱的东西，就说要买，随便给一点钱就拿走了。"我原以为已经逃离敌人的魔爪，回到了祖国的怀抱，没有想到在这里却见证了国民党政府的腐败。"吴宣恭回忆起当年逃难的情形，不胜感慨。吴宣恭跟着父母亲先在海沧住了一段时间，才从海沧长途步行回到安海。弟妹们都装在笼子里放在骡子上，一路驮着回到安海。

1945 年至 1946 年，吴宣恭在泉州培源中学读了一年后，又转回鼓浪屿英华中学。这次到鼓浪屿，吴宣恭是孤身一人，父母都留在安海。他先住在洪卜仁家，后来才住进学生宿舍。在英华中学的红色两层西式宿舍，吴宣恭过了一年多的集体生活，直到1947 年吴宣恭考上厦门大学外语系。

3. 学术生涯——厦门大学

作为英华中学的毕业生，吴宣恭的英语有天然的优势。他考上厦大外语系是顺理成章的事。可是吴宣恭的兴趣远不止于英语。他跨系选修了厦大王亚南校长的政治经济学和其他经济学课程，为他以后从事经济学研究打下了坚实的基础。

大学时代的吴宣恭风华正茂。他是系学生会的首席代表，喜欢音乐和运动，尤其打篮球，还曾经是校篮球队的队员。1951年，吴宣恭大学毕业。他服从当时厦大教学需要，改行执教政治经济学。从此，吴宣恭开始了近60年的教学生涯。1958年，吴宣恭被学校选派到中国人民大学政治经济学研究班深造。1960年毕业于中国人民大学政治经济学研究班。

吴宣恭1951年厦门大学毕业照（吴宣恭提供）

从此，吴宣恭与经济学结下不解之缘。他在厦大的讲台上默默耕耘。从助教、讲师，到副教授、教授。1981年，国家恢复研究生教育工作，吴宣恭开始招收研究生。1985年，经国务院学位委员会批准，吴宣恭担任博士生导师。这是我国第一批经济学博士点。

1978年，党的十一届三中全会召开，为中国带来了科学的春天，无论是自然科学还是社会科学都不甘落后，奋起直追。经济学研究也迎来了前所未有的大好局面。吴宣恭珍惜这来之不易的时机，争分夺秒，夜以继日忘我地投入到经济学研究中去。功夫不负有心人，经过30年的辛勤奋斗，吴宣恭在经济学领域里取得了卓越的成就，为全国高校经济学教学作出了杰出的贡献。他参加主编的教材和多项成果分别获国家、教育部、福建省等各级奖励。例如，1987年，吴宣恭与蒋家俊主编的我国南方十六所大学《政治经济学》教材，获全国高等学校优秀教材一等奖。此奖是国家一级奖励，也是厦门大学第一次获得国家级优秀教材一等奖。1996 年，吴宣恭教授与吴树青、谷书堂主编的国家教委统编教材《政治经济学》(社会主义部分)，获国家教委优秀教材一等奖并于 1997 年再获国家级优秀教学成果奖一等奖。这也是厦门大学获得的第一个国家级优秀教学成果一等奖。1999 年，吴宣恭教授的论文《积极探索效益优良的公有制实现形式》获第七届全国社会主义精神文明建设"五个一工程"优秀论文奖。另外，吴宣恭教授还有多项经济学著作和论文获教育部和福建省优秀社会科学研究成果一、二、三等奖，限于篇幅，在此不一一列举。

吴宣恭著述颇丰。他的《论生产资料所有制是生产关系的基础》、《股份公司的产权关系、运行机制和作用》、《论法人财产权》、《肩负 21 世纪历史使命的理论成果》等 6 篇专著发表在核心期刊《中国社会科学》。吴宣恭教授还在《经济学动态》、《学术月刊》、《经济学家》、《高校理论战线》等主要学术刊物发表学

与诺贝尔经济学奖获得者福格尔在会议中交谈　(吴宣恭提供)

术论文 140 多篇。

与此同时，吴宣恭教授还承担"所有制理论研究"、"社会主义所有制研究"、"社会主义产权经济学研究"等 6 项国家社科基金课题的负责人；担任"社会主义国家所有制问题研究"、"台湾在大陆投资问题研究"等近 10 项国家教委、教育部课题及福建省社会科学基金课题的负责人。

吴宣恭教授从教近 60 年，桃李满天下。即使在担任厦门大学党委书记兼副校长后，吴宣恭依然坚持给学生上课，带硕士生和博士生。让吴宣恭校长自豪的是，他在 1985 年创建的厦大政治经济学专业博士生授予点，在 2002 年被评为国家重点学科。迄今已招收博士生 43 人，通过答辩 36 人。目前这些博士生已有十几人在大学任教授、副教授，成为学校的教学骨干，有 11 人担任博士生导师。

"有什么比看到自己的学生走上工作岗位，为社会作出应有的贡献，更让一个老师开心的事呢？"吴宣恭教授讲起他的学生，总是充满自豪和幸福。

4. 博导党委书记

如果说丰硕的学术成果为吴宣恭教授在厦大赢得了崇高的学术地位，那么，谦恭的处世基调，真诚的为人风格，更为吴宣恭在厦大赢得了良好的口碑和人缘。吴宣恭 1955 年加入中国共产党，先后担任学校团委委员、经济系党总支委员、系党总支代理书记、教研室主任、系副主任、系主任等职务。1986 年，这位在厦门学习工作了近 40 年的厦大学子，被选举为厦大党委书记。

埋首书斋，专心教学与治学，本是吴宣恭教授的本意。"作为一名党员，面对现实的要求，只能服从，不能推诿……"1986年吴宣恭初任厦大党委书记接受《厦门日报》记者采访时诚恳地

吴宣恭在 2005 年价值理论国际研讨会上发言 （吴宣恭提供）

说。像吴宣恭教授这样教学成果卓越、著作等身的博导、教授出任全国重点高校的党委书记，当时在国内仅有一两例，被当时媒体誉为"博导党委书记"。努力给教师创造一个"宽松、和谐、融洽、信任"的气氛和环境，是吴宣恭作为厦大党委书记的为自己制定的任务之一。他平易近人，以身垂范，深受厦大师生的信任与爱戴。

"没有什么比叫我老师更亲切自然的了！"身为厦大党委书记的吴宣恭，在骨子里给自己这样定位！

2010 年 11 月 20 日，厦门大学隆重举行"吴宣恭从教六十周年庆典"大会，纪念他为厦大辛勤服务 60 年。会上，由吴宣恭及其学生和家人共同捐资设立的"吴宣恭教育基金"举行签字仪式。

环顾吴宣恭教授开放式的书斋，书橱壁立，书卷井然；书案舒展，笔墨相呈。造型优美的电脑静立书案一角，不张扬亦不执拗，古雅与时尚是这样和谐地融为一体。就如吴校长本人，尊严而亲和，自信而内敛。我不知道，这是不是鼓浪屿那个时候特有的融中西理念为一体的教育所培植的个人气质和潜化的生活态度？

参考资料：

1. 吴奕纯：《教授书记——访厦门大学新上任的党委书记吴宣恭》(《厦门日报》1986.7.21)

2. 胡国藩（菲)《英华中学编年大事记》(《鼓浪屿文史资料》第3辑)

3. 《山高水长——庆贺吴宣恭教授从教六十年》(厦门大学编，2010.11)

(本篇承黄猷先生、吴宣恭教授接受访谈，在此诚致感谢！)

优游致远
——高分子化学院士卓仁禧

鼓浪屿鸡山路 12 号 （图片自黄绍坚博客）

鼓浪屿鸡山上，简约洗练的殷宅旁边，方方正正一座大屋，青砖筑墙，青木成窗，青灰的斜坡屋顶，在鼓浪屿的蓝天下显得朴实大方，透着内敛庄重，一如代代相传的卓家家风。就凭这样的感觉，于千百人中，我一眼认出了卓仁禧院士。

今年年届八十的卓仁禧，是著名高分子化学家，中国科学院化学部院士、武汉大学化学与分子科学学院的教授和博导。他长期致力于有机硅化学和生物医学高分子材料研究，取得了卓越的成就，为他赢得了众多荣誉：1978 年获全国科学大会奖 2

项，1983 年获国家科技发明奖三等奖 1 项，1991 年获国家自然科学奖四等奖 1 项和国家教委科技进步奖一等奖 1 项。1960 年和 1987 年先后两次被选为湖北省劳动模范。1986 年，被批准为国家级有突出贡献的中青年科技专家。1995 年，被国务院授予全国先进工作者称号。1997 年当选为中国科学院院士。

2010 年 11 月 6 日，早晨 9 点 10 分，鼓浪屿轮渡码头，我幸会卓仁禧院士。

当卓院士在侄女的陪同下出现在我们约定的地点——轮渡右侧出口时，他的挺拔修长，他的俊朗儒雅，让人一见之下，顿生仰慕与敬意。

1. 卓氏发源

我一直对鼓浪屿的卓氏家族怀有敬意。不是因为其家财万贯，而是因为其家风俭朴；不是因为其家世显赫，而是因为其人才辈出。

也许，在盘根错节的卓氏家族体系中，身为中国科学院化学部院士、武汉大学化学与分子科学学院教授和博导的卓仁禧并非一枝独秀。这支发源于鼓浪屿的卓氏家族，如今散布于世界各地。他们中许多人学业精深，成就卓越，成为各个领域的翘楚与精英。虽然我们现在还难以构勒出卓氏家族的人才分布图，但从卓仁禧院士身上，我们或许可以探寻卓氏家族卓越之秘。

1931 年 8 月 27 日卓仁禧院士生于鼓浪屿鸡山路卓家。原来卓家共有 12 个孩子，六男六女，因为一个弟弟的夭折，就

卓仁禧

变成五男六女了。卓院士在家里排行第八，在男孩中排行第三。

卓院士的父亲卓全成先生是厦门著名的民族资本家。他的同英布店以"真不二价"享誉整个福建省。卓全成是卓氏三兄弟中最小的一个。大哥卓德成是早期的西医，在漳州开"兆生药房"；二哥卓绵成是美商"美孚洋行"经理。卓全成经营"同英布店"兼鼓浪屿中华电汽有限公司董事长。卓氏三兄弟各得其所，各有所成，得益于他们的父亲卓长福卓有成效的第一代创业。

卓家祖籍福建南安，世代以角梳手工业为生。只有到了卓全成祖父那一代才迁居漳州，继续经营角梳手工业。清同治三年(1864年)10月，太平军李世贤占领漳州，祖父逃离漳州，所积薄产也在战乱中损失殆尽。不久祖父去世。太平军撤离漳州后，卓长福返回漳州，无以为生，就去当学徒。由于刻苦耐劳，机灵聪明，卓长福很快为"头家"(老板)赏识，提拔他当"家长"(经理)。由此卓长福自图进取，初摆小摊于街市，营苏广杂货；渐有积累，则赁屋开店。

因经营有方，而营利颇丰，遂置房产于漳州。1903年，卓长福分店厦门，竹仔街（即横竹路）上的"同英布店"完成了卓家由行商而坐贾的跨越式发展。

卓氏家族事业的真正腾飞则是在卓全成手上。诚实无欺的经营理念、勤劳俭朴的经营态度、灵活多变的经营手段及家店分离的管理模

同英布店酬礼券　（白桦提供）

式，打造出一个生机勃勃、财源滚滚的厦门近代民族资本企业。

据《厦门文史资料》第15期《卓全成与同英布店》载，截至1949年前，鼓浪屿卓氏家族的资产积累已达到125万银元（约折合现人民币10亿~50亿元，笔者注）。其中同英布店市值25000银元；鼓浪屿房产42幢（估值50万银元），厦门房产21幢（估值32万银元），漳州房产16幢（估值16万银元），上海房产1幢（估值2万银元）。

2. 家店分离

令人惊奇的是，卓院士居然对家族财产一无所知。他饶有兴趣地翻看这段出自他父亲口述的家族资料。

"这份资料您以前没看过吗？"我有点吃惊地问。

"没有，我没看过这份资料！"卓院士有点遗憾地摇摇头说。

"那么我寄给您复印件好吗？"我很为那天没有预先复印一份给卓院士感到抱歉。

几天后，我将资料用特快专递寄往武汉大学，并与卓院士通了一个多小时长途电话。

"卓家这么多的资产，你们十一个子女都没人继承吗？"我在电话中忍不住一再追问这个问题。

当年卓全成为了"听毛主席的话，跟共产党走"，据说将鼓浪屿的42幢房产都捐给政府了。而作为闽南第一大布店的同英布店在50年代中期的公私合营大潮中自然成为国有企业。

"我有十一个儿女，现在有的在大学教书，有的在中学读书，到社会主义，大家都有事做，我还有什么操心的呢！"时任福建省和厦门市政协委员的卓全成，在1955年12月28日的《厦门日报》中表达了他当时的想法："现在我的儿女们，他们认识也不同了，谁也不愿意经商过剥削者生活。店员吧，虽然在店里都做了十把二三十年工，他们现在心里很不愿意再受剥削了。"

卓全成的想法显然是明智的。"我们家十一个兄弟姐妹没有一个经商，都靠工资生活。"卓院士在电话里不无自豪地说。

其实，即使不是公私合营，卓全成也不会将同英布店交给家里任何一个子女来经营。这与卓全成"家店分离"的管理模式有关。事实上，同英布店除了卓全成本人，没有一个卓家的人参与管理。鼓浪屿的"家"和在厦门的"店"是截然分明的。"我们家住在鼓浪屿，一年难得一两次去厦门。我完全不了解同英布店的事情。"卓院士说。1949年前同英布店的连年赢利，与卓家子女的个个成材，证明卓全成的"家店分离"模式是很成功的。

3. 俭故能广

财源滚滚，家有万贯，多少人骄且狂。以此来说，卓家全不像有钱人家。无论同英布店赢利多少，卓家居则一宅，食则定量，全部家用都从卓全成的薪水里开销。年终的红利用来扩大经营或置房产，卓家的庞大产业就是这样积累下来的。

"你们家这么有钱，你们在学校不会很有优越感吗？"我问卓院士。

"没有，真的没有！我们只知道要把学习搞好，要积极上进，因为当时大家都这样。"卓院士诚恳地说："我们平时也没有什么零花钱。只有在我们去厦门的时候，妈妈会给我们3分钱买船票。当然，如果有《居里夫人》这样的电影，无论票价多贵，妈妈都会给我们钱让我们去看。"

财富对于卓家的孩子来说，似乎只意味着有受教育的保证，而跟奢侈享受无关。"爸爸经常跟我们说，你们每个人必须靠自己，读书，去找事做。你们考上大学，学费我负担，其他的你们就别想了！"卓院士回忆起当年父亲卓全成的话，感激之情溢于言表。也许，正是卓全成这种看起来绝决的态度，才使卓家十一个子女人人发奋读书，个个自求上进。

卓家长子，卓院士的大哥，卓仁松先生，是菲律宾大学农学硕士，曾任菲律宾《中正日报》总编，回国后任福建农学院教授。次子卓仁声，美国建筑博士，著名的建筑力学专家。

据说当年卓仁松到菲律宾留学，随身只带了一个小包。卓仁松的儿子，卓家别墅的现居者卓载欣先生不无感慨地说："我爷爷说，男人要靠自己！"

从卓全成算起，而今卓家的第四代已显示出他们"青出于蓝胜于蓝"的卓越优势。作为一个外祖父，卓院士情不自禁地跟我讲起他杰出的外孙女——曾经两次获克林顿总统亲自颁发美国最高奖学金。虽然卓院士一再叮嘱我不要诉及他的第三代，但我还

最齐全的一次全家福合影——1945年秋卓全成先生（后排中），夫人陈水莲（2排左4）及11个子女在鼓浪屿家中（卓仁禧提供）

是忍不住"爆料"。因为，我以为，即使低调如卓院士，但卓越，是无须掩饰的。而卓载欣的儿子卓贤，22岁就成为美国南加州大学的大提琴博士，如今是享誉世界的大提琴演奏家。

俭故能广，或许这才是卓家人才辈出的秘诀吧！

4. 诚以自立

对于现在只有一个孩子的核心家庭来说，拥有十一个孩子的庞大家庭是难以想象的。一个孩子的教育已让现在许多父母头疼不已难以招架，而卓家又是如何教育他们的十一个子女的呢？

"无论什么时候，你们都要诚实，说真话。"这是卓全成经常告诫他的子女们的一句话，也是卓院士终生铭记且身体力行的一句话。卓全成是虔诚的基督教徒。在耶稣基督广大慈爱的目光下，获得诚实的力量。他一辈子奉行以诚待人，以诚经商的信条，也深深地影响着他的子女。

"卓院士您取得今天这样的成就，与您父亲当时向政府捐献巨额财产，从而在历次政治运动中没有因您资本家的出生而受到冲击有关？"我忍不住抛出了我的疑问。

面对我的提问，卓院士认真做了回答："我认为没有多大关系。我认为最重要的还是诚实做人，不说假话。我很幸运，一直得到党和国家的培养，我想是因为我确实学习努力，而且关键是在科技上有创新，作出成果。当时有机化学是国家重点学科，国家急需这方面人才。1953年我从复旦大学毕业，就分配到武汉大学教书。1957年至1959年组织上就派我去天津南开大学跟苏联专家进修有机化学。1960年我就是'湖北省劳动模范'。我先后两次当'湖北省劳动模范'，一次'全国劳动模范'。今年我在武汉大学已执教57年了。"卓院士不无欣慰地说。

诚实、正直、博爱，是卓院士终生奉行的做人原则，不仅为他赢得了同事和学生们的由衷爱戴，在事业上也为他开拓了广阔的空间。

1983—1984 年，卓院士在美国耶鲁大学从事生物活性化合物研究，后任武汉大学教育部生物医学高分子材料开放实验室主任，兼任教育部科技委员会委员，中国生物材料委员会副主席，国家自然科学基金委员会学科评审组成员等职务。他还担任《离子交换与吸附》和《Chinese Journal of Reactive Polymers》副主编，《Polymer International》执行编辑，《高等学校化学学报》、《高分子学报》等杂志编委。卓院士在有机硅化学和生物医学高分子等方面的研究中，取得了重要成果。

5. 铃儿叮当

我不知道，丰富与单纯，厚重与清澈，何以在卓院士身上如此水乳交融，浑然一体？

作为鼓浪屿卓家十一个孩子中的第八个孩子，卓仁禧院士并没有获得父母额外的垂青。与其他兄弟姐妹一样，鼓浪屿春之繁花，夏之海风，秋之明月，冬之暖阳给他们无穷的快乐。在卓家宽阔舒朗的别墅里，充满了孩子们的歌声与琴声、欢笑声与读书声。"他（卓全成）的几位女儿对我们一班小孩子都非常的爱护和关怀，他们家经常传出优美的钢琴声。"一位卓家早年的近邻，而今已古稀之年的老人，怀念之情溢于笔端。

"我们家像个学校，吃饭要摇铃。我们听到铃声，就出来吃饭。"卓院士仿佛回到童年时光。

"我们与爸爸接触的时间很少，都是妈妈在管我们。"卓院士说起妈妈总是心怀感激。卓院士的妈妈叫陈水莲，亲切随和，是中国最早幼稚园怀德幼稚园的老师，附近的孩子都称她为全成姆，称卓全成为全成伯。夫妇俩富且仁，乐善好施，深为众人爱戴。想必陈水莲对儿童教育自有一套行之有效的办法，否则卓家大小十一个子女，最大的与最小的岁数相差近二十岁，一个没有照顾到都不行。

"父亲一周回来两次。晚上他回来时我们都睡觉了，白天起来他又走了，所以我们都见不到他。但后来不一样了，我们上学时他还在家里。他六点起床，洗漱完了，泡一壶茶，读书一小时，才吃早饭，大概8点才去同英上班。"卓仁禧忆及父亲，语气充满敬佩。

父亲清晨一小时的读书时间，定格的不只是一种优雅的形象，而更是一种传之深远的精神，诚实、自立、尊严与智慧。卓仁禧与他的兄弟姐妹们因此沉静而挺拔，从容而悠远。

参考资料：

1. 卓全成《卓全成与同英布店》(《厦门文史资料》第15期)
(本篇承卓仁禧院士接受访谈，在此诚致谢意！)

后记

　　即使在比例尺较大的厦门地图上，鼓浪屿亦不过墨迹一点，滴落于厦门岛之西南侧，荡漾于海天云水之间。面积不到两平方公里，时间不过匆匆百年，凭什么，鼓浪屿人才济济人才辈出？

　　地理环境与人文背景对于人才之产生，正如山川水土与阳光空气对于万物的生长，二者缺一不可密不可分。

　　四面环海，一岛孤悬，海浪拍岸，海鸥飞翔，海风吹拂了几千年——鼓浪屿只不过山石林立，绿树成荫，白鹭常栖，渔民偶过。郑成功的水兵似曾踏上过日光岩，而今唯留下巨石凭人怀想。中国的传统文化还来不及在小岛上根深蒂固，西方世界的福音与炮声几乎同时抵达。鼓浪屿就这样进入世界的视野，不由自主却表现不俗。

　　无论从地理距离还是文化距离，鼓浪屿都疏于中原而近于南洋。当身着西装革履的欧美日诸国"洋人"接踵而至，当有着希腊柱式的欧式别墅星落棋布，当教堂的风琴声与学校的读书声响彻云天，鼓浪屿的"土著居民"——为数不多的来自周边地区的渔民或农民，始而好奇张望，继而融入其中。稍晚，清末民初，南洋华侨归来，定居或客居于鼓浪屿，与"洋人"、"土著居民"共同构成世界著名的"国际社区"（International　Settlement）。

实质上，所谓"万国租界"鼓浪屿是一个典型的"移民社会"。

无论今天我们怎么看待和评价鼓浪屿这段历史，我们都无法否认近代鼓浪屿作为东西方文化碰撞交融重要平台的历史角色。而鼓浪屿在 19 世纪中叶至 20 世纪中叶这短短百年里，不可谓不丰富多彩，自成一体。具有教会色彩的西方文化，具有南洋色彩的华侨文化，具有闽南色彩的本土文化，于此弹丸之地，交融碰撞，生长出绚烂多姿的多元文化。

洋人与传教士，带来的不仅是鸦片与屈辱，更有学校和医院。而南洋侨客归来，则怀一腔热血，办学堂，启民智，以谋发展，以图自强。于是教会的学校与华人的学堂一时并存于这个小岛，盛时不下十数家。美国归正教会的寻源书院、养元小学，英国长老会的英华书院，即使说不上桃李天下，也可称得上英才辈出。余青松、黄祯祥、李来荣、朱晓屏、陈慰中、周辨明、郑德坤、卓仁禧等等莫不出于此。而毓德女子学校、怀仁女学、崇德女学开女学风气之先，培养出林巧稚、何碧辉这样终生献身科学的闺阁女杰。

鼓浪屿毕竟太小，从幼稚园到中学的完备教育只是为人才的成长打下坚实的基础。真正的高等教育是要在外面完成的。近则京沪，远则欧美，鼓浪屿学子的脚步能够走多远就走多远。但无论身在何方，对于祖国的深情，与对于故土的眷恋，是他们挥之不去的情结与镌之弥深的乡愁。

多年以后，一个鼓浪屿栖居者，翻寻故纸旧闻，漫行于昔时小巷，张望于低墙荒院，徘徊于废池楼台，仿佛再闻他们琴声与歌声悠扬，再见他们眼神与表情欢畅。而他们朗朗书声响彻云天，令我神往。以笔者才学之浅，见闻之陋，本难以撷萃掇英，独揽风华。一稿将成，乃仰多方相助，自让笔者感铭肺腑：

感谢厦门市社会科学界联合会、厦门市社会科学院的信任并慷慨赐予机会，才有这本小书诞生的可能！

感谢《厦门文学》编辑泓莹老师友情帮助！正是她不厌其烦一遍一遍地审阅和指点，才使本书避免了不少谬误和瑕疵。

最后，要特别感谢的，是总审稿黄猷老先生！他以年近九十之高龄，手持放大镜，虽一字一句一标点必认真审过。从选题到标题、从行文到错别字，黄猷老先生是"锱铢必较"，"斤斤计较"。稿数易，历时两寒暑，中间又不知耗费黄老多少时间与精神！对黄老，笔者唯有感激！唯有敬爱！唯有祝福！是他，让笔者懂得了为文之重，与为人之尊！

感谢我的父母兄妹，他们血浓于水的亲情鼓励与支持，是我前行的力量和信心！

感谢一切对这本小书付出时间和精力并投以关注的各方面的朋友和老师！

图书在版编目(CIP)数据

鼓浪屿学者/洪卜仁,詹朝霞著.—厦门:厦门大学出版社,
2015.11
(2015年同文书库.鼓浪屿历史文化系列)
ISBN 978-7-5615-5543-9

Ⅰ.①鼓… Ⅱ.①洪…②詹… Ⅲ.①文化-名人-列传-厦门市
Ⅳ.①K825.4

中国版本图书馆CIP数据核字(2015)第101768号

官方合作网络销售商:

厦门大学出版社出版发行
(地址:厦门市软件园二期望海路39号 邮编:361008)
总 编 办 电 话:0592-2182177 传真:0592-2181406
营销中心电话:0592-2184458 传真:0592-2181365
网址:http://www.xmupress.com
邮箱:xmup @ xmupress.com
厦门集大印刷厂印刷
2015年11月第1版 2015年11月第1次印刷
开本:889×1194 1/32 印张:5.125 插页:2
字数:158千字
定价:40.00元
本书如有印装质量问题请直接寄承印厂调换